KB048127

프리드리히 니체 아포리즘

프리드리히 니체 아포리즘

혼자일 수 없다면 나아갈 수 없다

망치를 든 철학자

프리드리히 니체 지음 · 김욱 편역

포레스트북스

우리 시대의 니체는 '문화' 그 자체다.

니체만큼 현대사회 각 분야 전반에 지대한 영향을 끼친 철학자는 존재하지 않는다. 니체는 위대한 철학자인 동시에 위대한 예술가였다. 니체 사후 100여 년간 정치, 사회, 철학, 예술의 가장 큰 화두는 언제나 니체였고, 그만큼 다양한 왜곡과 해석들로 우리 앞에 재등장했다. 니체가 외쳤던 '영원회귀'는 그가 생존했던 시기엔 무명에 억눌린 삼류 철학자의 광기 어린 발악으로 치부되었으나, 이토록 끊임없이 새로운 해석과 창조적 도화선으로 재생되는 니체를 보면서 우리는 그의 외침이 시대를 앞서나간, 그리고 미래에도 우리와 함께할 수밖에 없는 영혼과 정신의 회귀임을 인정할 수밖에 없게 되었다.

니체의 사상이 이렇듯 세대와 시대, 그리고 인종과 국경을 넘나들며 때로는 오해되고, 때로는 재평가받으며 생명력을 지속시킬 수 있었던 힘은 단연코 그의 특별한 문장력에서 비롯되었다. 잠언이자, 선동이며, 기도문으로, 더없이 순수한 논리와 무한한 영감의 원천으로 읽히는 니체의 독특한 정신 편린은 일종의 퍼즐 같아서 어떻게 조합하고 어떤 생각을 대입하느냐에 따라 나치즘의 기원이 될 수도 있고, 집단주의에서 개인을 해방시킨 실존주의의 첫 번째 페이지가 될 수도 있다.

그의 말을 액면 그대로 받아들여 읽어나가는 것은 그래서 너무나 위험하다. 니체는 광기와 신성이 어우러진 굴곡진 그의 삶에 근간해서 인간과 세계를 자기만의 독특한 사상의 동굴 속에 굴절시켰다. 그는 보이는 세계를 믿지 않았다. 확인된 사실에 대한 맹신을 거부했다. 스스로 인식하고 경험하고 깨닫고 실패한 것들만을 실체와 진실로 수용했다. 니체에게 기성 가치관은 무의미했다. 권위는 억압이며, 그래서 권력은 복종해야 될 의무가 아닌 쟁취해서 타파해야 할 대상이었다. 니체에게 자유는 투쟁을 의미했다. 자신을 억압하는 기존 체제에 맞서 싸울 수 있는 개인의 숭고한 의지, 그것이 곧 니체가 믿는 자유의 진짜 모습이었다. 니체는 그렇게 단 독자單獨者가 되어 자기만의 세계, 스스로 만들어낸 세계, 자신의 모든 것이 새겨진 단 하나의 세계에서 영원히 자유롭게 존재하기를 소망했다.

하지만 그 소망은 공존과 공동이 지배하는 현실 세계에선 허락될 리 없는 금단이었고, 결국 니체의 삶을 무명과 절망과 병마에 빠뜨리는 비극을 탄생시키고 만다. 숱한 좌절과 실의가 니체의 삶을 니체 본연으로부터 왜곡시켰다. 니체는 그의 삶을 지배하고 가르치고 독점하려는 억압된 권력들, 그의 본질이 허용되지 않는 거짓된 현실을 인정할 수 없었다. 그래서 니체는 수많은 얼굴을 갖게 된다. 평화를 얻기 위해 전쟁을 선포했고, 빛을 찾는다며 어둠을 뿌려댔다. 산사태를 일으켜 침묵을 완성했고, 순수의 참모습은 광기라고 일갈했다. 니체는 혐오를 부끄러워하지 않았다. 동정을 구하지도 않았다. 그러므로 문자 그대로 니체를 읽는 것은 불행한 자기모순이다. 니체의 모든 글은 그가 한 말이 아니다. 그가 우리를 위해, 우리가 우리를 위해 들려주는 가장 깊은 영혼의 속삭임이다.

니체는 위험한 철학자다. 그의 삶은 위태로운 인생의 전형이었다. 위험하지 않고 위태롭지 않은 삶이 어디 있을까. 위태로운 삶이야말로 니체를 이해하는 최적의 지름길이다.

위기에 빠진 인생일수록 니체를 더 깊게, 보다 매력적으로 받아들일 수 있다. 세상이 위태롭고, 삶이 무력해질수록 니체의 글이 더 크고 더 넓게, 보다 반갑게 발견되는 진짜 이유일 것이다.

　니체에게 삶이란 한마디로 고통과 상처였다. 사람들마저 그의 고통과 상처를 외면했다. 하지만 그는 자신의 고통과 상처를 통해 오히려 진실을 확인했고, 그로 인해 상처받은 영혼들에게 위로가 될 수 있었다. 니체는 자신의 삶을 뒤쫓는 질병과 가난과 고독의 그림자에서 벗어나고자 생을 초월하는 의지를 구원의 방주로 여겼다. 28세 때 처음 출간한 『비극의 탄생』부터 정신이상으로 병원에 입원하기 두 달 전 집필을 끝낸 『이 사람을 보라』에 이르기까지 니체는 삶과 더불어 죽음이 지닌 인생을 지배할 수 있는 의지의 힘이야말로 인간의 영혼이 도달할 마지막 종착역이라고 외쳤다. 그 의지가 때로는 권력의 그림자로 묘사되었고, 때로는 우상의 황혼과 모순으로 되풀이되었으며, 때로는 차라투스트라의 방황으로 기록되었다.

　니체의 철학은 인생을 극복해야 할 대상으로 규정했다. 다섯 살 때 아버지를 여의고 평생을 독신으로 지내며, 안질과 편두통, 정신분열에 시달렸던 니체로서는 살아야 한다는 사실에, 아니, 생존할 수밖에 없다는 진실에 절망했을지도 모른다. 그는 절망으로 인해 파멸하지 않기 위해 초월을 갈망했고, 자신이 초월의 꼭대기에 우뚝 선 초인이 될 수 없음을 자각했기에 더욱 절망했다. 여인들과의 사랑이 이뤄지지 않을 때마다 사랑을 부정했고, 세속화된 종교로부터 아무런 위안도 받을 수 없다는 현실을 깨닫고선 자기 안의 신神을 다시 한번 십자가에 못 박아 버렸다.

　이 책에 실린 짧은 글들은 그가 남긴 책들과 사후 발견된 편지, 일기, 메모, 미완성 유고 등에서 발췌해 읽기 쉽게 옮긴 잠언집이다. 니체의 글은 그 영향력에 비해 접근하기가 쉽지는 않다. 예술, 종교, 정치, 문화, 사회 전반을 아우르는 그의 방대한 편력과 암호처럼 나열되는 난해한 문장구조 때문에 니체의 책 중 한 권을 끝까지 읽는다는 것은 상당한 노력 없이는 거의 불가능한 일이다. 따라서 이 책은 니체를 좀 더 친숙하게 받아들이고, 나아가 그의 삶과 생각으로부터 위로받고 싶은 사람들을 위한 하나의 안내서라고 할 수 있다. 어디서부터 읽어 내려가든 불행한 삶의 연속을 이겨내고자 방황했던, 우리와 어느 것 하나 다를 바 없는 인간 니체의 몸부림이 느껴질 것이다.

　이 혼란의 시대에 또 다시 우리 앞에 니체가 나타났다. 인생을 사랑하고 고뇌를 기꺼이 받아들이는 자유로운 영혼이라면 이 기회를 놓쳐서는 안 된다. 니체가 우리에게 선물한 풍요로운 사유의 토대 위에 나만의 '초인'을 선포하는 아름다운 깃발들이 펄럭이기를 소망해 본다.

편역자 김욱

나에게 실존은 평생 끔찍한 짐이었다. 나는 고통의 끝에 서 있다. 절대적인 체념의 순간에 도착했다. 의사는 자꾸만 안정을 취하라고 말하지만, 이 막막한 절망 속에서 나의 정 신과 도덕에 교훈적인 시도와 모험을 감행하지 않는다면 나 는 실존이라는 무거운 짐을 던져버리게 될지도 모른다. 인식 을 갈구하는 기쁨이 병든 나를 고양시켜 준다. 그 순간에만 몸과 마음에 깃든 고통과 절망이 지워진다. 남들 눈에는 내 가 더없이 불행한 환자처럼 보이겠지만, 나로서는 그 어느 때보다도 지금 이 순간이 가장 날카롭고 가장 순수하고 가장 지적인, 그래서 가장 행복한 시절이다.

내 아버지는 순수한 영혼과 따뜻한 마음을 타고난 사람이 었다. 기독교인으로서 갖춰야 할 모든 미덕을 만족시킨 분이었다. 그는 평화롭고 단순한 삶이 행복한 삶이라 믿었으며, 자신이 꿈꿨던 대로 인생을 살아갔기에 더없이 행복했다. 그를 알았던 모든 이들로부터 애정과 존중을 누렸다. 그는 훌륭한 예의범절과 명랑한 성격으로 많은 초대를 받았고, 다양한 사교 모임을 즐겼으며, 모두로부터 언제나 환영받았다. 아버지의 취미는 독서와 음악이었다. 괜찮은 피아니스트였고 특히 자유변주곡을 연주할 때는 뛰어난 솜씨를 발휘했다.

그는 섬세하고 상냥했지만, 정신과 의지는 나약하기 이를 데 없었다. 아버지는 단지 살아 있었을 뿐, 진짜 인생을 살아가지는 못했다. 내 아버지는, 비유컨대 인생이라는 사물 옆을 그냥 지나가는 사람처럼 보였다. 아버지는 인생을 몰랐다. 왜냐하면 아버지는 인생 그 자체가 되는 데 실패했기 때문이다. 아버지에게 삶이란, 삶으로 불리는 아름답게 미화된 기억들이 고작이었다.

1849년 7월 26일, 아버지는 깊은 혼수상태에 빠져들었다. 이따금씩 깨어나곤 했지만 그의 눈동자엔 후회도, 슬픔도, 미련도, 두려움도 없었다. 27일 아침 아버지는 죽었다. 나는 매우 어리고 철이 없었지만 죽음이 무엇인지는 알고 있었다. 비통함에 눈물이 쏟아졌고, 먼 훗날 나는 그날 흘렸던 눈물의 의미를 깨달았다. 나는 아버지의 죽음이 슬펐던 것이 아니다. 아버지처럼 살게 될지도 모르는 나의 다가오지 않은 삶이 슬펐던 것이다. 나는 그처럼 인생을 스쳐 지나가고 싶지 않았다.

어느덧 나도 아버지와 비슷한 나이가 되었다. 요즘 들어 환영이 자주 보인다. 단테는 환영을 본 덕분에 신곡을 구상할 수 있었다. 나도 환영을 보고 있지만 그 환영은 단테의 환영과는 다르다. 내가 본 환영은 언제든 나를 데려갈 수 있는 죽음의 환영이다. 그 환영을 볼 때마다 내가 노인이 된 것처럼 느낀다. 견디기 힘든 고통이 계속되고 있지만 다행히 그것들이 내 정신을 정복하는 데는 실패했다.

요즘 들어 자주 기분이 좋아진다. 인생에서 지금처럼 쾌활했던 기억이 없다. 최근에 쓴 원고들을 쭉 읽어보니 내가 인생에 이토록 호의적이었나, 새삼스러울 정도였다. 이유를 생각했고, 내가 전보다 강해졌기 때문이라는 결론을 얻었다.

어쨌든 살기 위해 꾸준히 글을 쓰고 있다. 알프스에서 여름을 보냈고, 따뜻한 토리노에서 겨울을 보낼 것이다. 유목민처럼 계절과 함께 떠돌아 다니고 있다. 물론 내 곁에 가축따위 없다. 가축 대신 생각들을 끌고 방랑하는 중이다. 질병은 참 좋은 것이다. 아픔과 고통이 삶에 대한 명료한 인식을 만들어주었다. 내 인생에서 가장 크게 감사를 전해야 할 대

Friedrich

Nietzsche

상은 나를 괴롭힌 그 많은 질병들이었다. 그들이 아니었다면 나는 나를 나답게 인식하지 못했을 테니까. 나는 이 병을 통해 보다 높은 건강을 전수받았다. 보다 높은 건강이란 육신의 질병이 감히 훼손할 수 없는 건강을 뜻한다!

나는 병을 통해 나의 철학을 얻어냈다. 마치 젖은 나무처럼 서서히 불에 태워지는 고통, 그 기나긴 고통의 순간이 철학자를 심오하게 만든다. 물론 이런 고통이 우리를 개선시키지 못한다는 것을 잘 안다. 고통은 인간을 다만 심오하게 만들 뿐이다. 그리고 심오해진 인간은 삶에 대한 믿음을 버리고, 인생을 하나의 문제로 의식하게 된다.

병은 내게 생활을 파괴할 권리를 허락했다. 내게 망각을 허용했을 뿐 아니라 적극적으로 망각을 명령했다. 병은 잠자코 입을 다물라고 명령했으며, 조용히 누워 있으라고 명령했다. 그리고 때를 기다리며 참는 법을 가르쳐주었다.

나는 눈의 질병 때문에 나를 괴롭히는 책들로부터 해방되었다. 그래서 몇 년 동안 한 권도 읽지 않았다. 읽을 수 없었기에 나는 쓰는 행위로 위안을 삼아야 했다. 이것은 병이 내게 베푼 최고의 은혜였다. 돌이켜 보면 병으로 괴로웠던 시절만큼 행복했던 적은 없다. 어떤 의미에서 병은 나를 회복시켰다.

오랫동안 나는 결핍과 무력감을 맛보았다. 그러던 어느 날 갑자기 어떤 일을 겪어도, 지나간 고통을 떠올려도 더 이상 아프지 않다는 것을 깨달았다. 이 글은 갑작스레 회복된 활력에 대한 환호성이며, 내일과 모레와 그 이후의 시간에 대한 새로운 믿음이자, 머잖아 시작될 위대한 모험을 알리는 축포가 될 것이다. 다시금 목표가 허락되었다. 나는 이 목표가 이루어질 거라고 믿는다.

새해가 밝았고 나는 아직 살아 있다. 나는 아직 생각한다. 나는 아직 살아 있어야만 한다. 나는 세상의 필연성을 아름답게 바라보고자 공부할 것이다. 그리고 세상을 아름답게 만드는 사람이 될 것이다. 당신의 운명을 사랑하라! 당신에게 이런 이야기를 들려주고 싶다. 이것이 나의 사랑이다! 추한 것들과의 전쟁을 멈추겠다. 바라보지 않겠다. 그것이 나의 유일한 부정이며, 앞으로 나는 긍정하는 자가 되도록 노력할 것이다. 나는 모든 운명을 사랑한다. 이것이 나의 가장 은밀한 본성이다.

그리고 나를 괴롭힌 오래된 질병에 대해 고백하겠다. 나는 건강에 빚지지 않았다. 병을 통해 나는 배웠고 얻었다. 질병은 나를 죽이지 못했고, 그때마다 나는 이전보다 더욱 강력해졌다. 나의 고차원적인 정신의 건강은 모두 병 때문이다. 나의 철학은 병에 걸린 덕분이다. 위대한 고통은 정신의 최종적인 해방이다. 해방된 자는 고통 받는 자다!

끝으로 가장 중요한 이야기를 들려주겠다. 나락으로부터, 심각한 질병과 심각한 회의로부터 돌아온 자는, 반드시 새로 태어난다.

Friedrich Nietzsche

차
례

1부

2부

3부

5부

1부

Friedrich Nietzsche

자신을 하나의 운명으로 받아들이고,

더 이상 다른 것을 기다리지 않는다.

『이 사람을 보라』

우선 나 자신에 대해 알아야겠다

나는 '나'에 대해 이야기하고 싶다. 우선 '나' 자신에 대해 알아야겠다.

"너 자신이 되어라(그리스의 서정시인 핀다로스의 말)."의 진정한 의미는 언제나 소수만이 깨닫는다. 더구나 이들 깨달은 소수 중에서도 더욱 한정된, 극히 일부 사람들만이 모든 진실을 깨달을 수 있다.

나에게 길을 묻는 자들에게 나는 이렇게 대답했다. "이것이 나의 길이다. 그대들의 길은 어디 있는가?" 나는 그들에게 길을 가르쳐주지 않았다. 왜냐하면 길은 존재하지 않기 때문이다.

나 자신에게 던지는 '왜?'라는 질문에 분명한 답을 내놓을 수 있다면 이후로는 모든 게 간단하다. 무엇을 어떻게 해야 할지 금방 알게 된다. 타인을 흉내 내는 헛된 시간 낭비로부터 자유로워진다. 나의 길이 너무나 분명히 보인다면, 남은 일은 보이는 그 길을 걸어가는 것뿐이다.

나를 이해했는가? 나는 나를 통해 구별된다. 나와, 나를 제외한 나머지 인류 전체를 나누는 기준은 내가 알아차렸다는 점이다. 맹목은 범죄 중의 범죄다. 삶에 대한 범죄다.

당신은 당신에 대해 얼마나 알고 있는가?

Nietzsche

Friedrich

잔인할 정도로 나 자신을
무참히 사용해 버렸다

서른두 살 무렵까지, 나는 나 자신을 파악하기 위해 노력했다. 내 안에서 솟아난 의지가 어디로 향하고 싶어 하는지 알아내기 위해 노력했다. 그리고 마침내 내가 매우 큰 위험에 처해 있음을 발견하고 경악했다.

나는 사로잡힌 상태였다. 유대로 결속된 사회적 욕구에, 그들의 요구에 나는 사로잡혀 있었다. 강요받은 감사의 의무에 사로잡혀 있었다. 이것들을 대체할 환경이 없다는 사실에 절망하고 있었다. 남들 눈엔 어떠했는지 몰라도 내가 바라보는 내 모습은 절대적 결핍이었다. 그때 나는 무엇을 하고 있었나. 그토록 선망하던 문헌학과 교수직을 자랑스러워하고 있었다. 교수라는 지위에 구속되어 있는 나를 보았다.

그 자리에서 어떻게 벗어나야 할지 몰라 지쳐버렸고, 완

전히 소모되었고, 끔찍하게 이용당했고, 잔인할 정도로 나 자신을 무참히 사용해 버렸다. 같은 시기에 나는 본능이 원하는 것을 파악하기 위해 노력했다. 나의 삶을 정당화시키고 싶었다. 나는 인생이 무서웠다. 내 손으로 이룩한 애매하면서도 허위로 그득한 결과물을 당연한 것으로, 당연한 보상으로 정당화시키고 싶지 않았다. 나의 삶이 옳았음을 선언하기 위해 나는 '디오니소스적'이라는 공식, 열광적으로 도취된 삶, 취해버린 삶을 꿈꿔야 한다는 것을 발견했다.

나는 진리로 불리는 모든 것들에 대해
의문을 품고 있다

나는 결과가 두렵지 않다. 내가 던진 질문에 어떤 답이 돌아오든 두렵지 않다. 의문이 생기면 나는 질문할 것이다. 그 의문이 어떤 비극적인 대답을 초래하더라도 상관하지 않을 것이다. 내 안에서 의문이 싹텄다는 것은 내가 진실을 원하고 있다는 뜻이다. 의문을 무엇으로 잠재울 것인가. 내가 원하는 건 휴식과 평화와 행복이 아니다. 오직 진실, 극도로 추악하고 불쾌한 진실이더라도 나는 이미 그것을 원하고 있다.

그리고 내겐 마지막 질문이 하나 더 남아 있다. 만약 우리가 어렸을 때부터 줄곧 모든 구원이 예수가 아닌 다른 존재, 예를 들어 마호메트로부터 나온다고 믿어 의심치 않는 환경에서 성장했다면 어땠을까? 우리를 지배하는 진리와 그 감정과 믿음이 지금과 동일한 은총으로 받아들여질 수 있었을까?

그럼에도 우리는 믿었을 것이다. 믿음으로써 은총을 받았다고 여겼을 것이다.

그렇다면 진실은 무엇일까? 우리가 믿는 것들이 과연 유일한 진실을 기반으로 작성된 객관화된 실체라 말할 수 있을까? 만일 네가 영혼의 평화와 행복을 원한다면 믿어라. 하지만 진리의 사도가 되고 싶은 것이라면 질문해라.

나는 진리로 불리는 모든 것들에 대해 의문을 품고 있다. 그것이 틀렸음을, 혹은 진실이 아님을 어렴풋이 짐작하면서도 믿으려고 노력하는 것은 정신이 나약해서다. 다시 한번 다짐하지만 나의 질문이 세상에 어떤 결과를 가져오든 나는 상관하지 않을 작정이다. 나의 질문으로 밝혀질 진리가 더없이 추악하고 불쾌해도 상관없다. 세상이 덮고 있는 진실을, 그 뚜껑을, 그 속에서 오염되고 있는 진실이 너무나 추악해서 모두가 두려움에 벌벌 떨며 그 누구도 감히 열어볼 용기를 꺼내지 못하는 이 불행한 세월 속에서, 나는 반드시 그 뚜껑을 내 손으로 열어버리겠다는 의지가 점점 더 강해지고 있다.

나는 타협할 수 없다. 이것이 진실이라면 포장하고 싶지 않다. 있는 그대로의 세계를 원한다. 있는 그대로의 삶을 원한다. 세상은 아름답지 않고 나는 온갖 병마에 시달리고 있다. 역겨운 생활에 어지러움을 느껴 참다못해 구역질이 올라

와도 버티고 있다. 세상은 나를 괴롭히는 고통들로 가득 차 있다. 내 머릿속은 허무로 가득하다. 내가 믿었던 지난날의 신앙, 이 세계는 신의 아름다운 창조물이며 그 안에서 인간은 고결하게 진보한다는 믿음이 거짓임을 깨달았을 때부터 시작된 고행이다.

유치한 고백이지만 나는 어려서부터 염세주의자였다. 나는 일찌감치 우리가 믿는 세상은 존재하지 않으며, 우리가 꿈꾸는 인생 또한 불가능하다는 진실을 확인하고 절망했다. 길이 보이지 않았다. 아니, 길은 내 앞에서 끊어져 있었다. 그래서 나는 결심한 것이다. 이 끊어진 길의 끝까지 가보기로.

자기 자신을 하찮은 사람으로
깎아내리지 말라

자기 자신을 하찮은 사람으로 깎아내리지 말라. 그런 태도는 자신의 행동과 사고를 꽁꽁 옭아매게 한다. 무슨 일을 하더라도 자기 자신을 사랑하는 것으로부터 시작하라. 지금까지 살면서 아직 아무것도 이루지 못했을지라도 자신을 항상 존귀한 인간으로 사랑하고 존경하라는 것이다.

자기 자신을 사랑하면 결코 악행을 저지르지 않고 누구로부터 지탄받을 일도 저지르지 않는다. 그런 태도가 미래를 꿈꾸는 데 있어 가장 강력한 힘으로 작용한다는 사실을 절대로 잊지 말라.

Nietzsche

Friedrich

혼자일 수 없다면 나아갈 수 없다

그대들은 이웃들 주변으로 모여들면서 서로 간의 교제에 대해 좋게 이야기한다. 그러나 이웃 사랑은 그대들 자신에게는 질 나쁜 사랑이다. 그대들은 그대들 자신에게서 벗어나 이웃에게로 달아나고서는 그것으로 자신의 덕을 만들고 싶어 한다.

'너'라는 호칭은 '나'라는 호칭보다 오래되었다. 너라는 호칭은 신성하게 여겨지지만, 나라는 호칭은 아직 그렇지 않다. 그래서 인간은 이웃에게로 모여드는 것이다.

그대들은 자기 자신에 대해 좋게 말하고 싶으면 증인을 초대한다. 그리고 그를 꾀어내 그대들에 대해 좋게 생각하도록 해놓고선 그대들도 스스로 자기 자신에 대해 좋게 생각한다. 그대들은 교제할 때 자신에 대해 이런 식으로 거짓말하면서 자신과 이웃을 속인다.

그것은 단지 눈 가리고 아웅하는 것에 지나지 않는다. 자신에 대한 질 나쁜 사랑은 고독을 감옥으로 만들어버릴 뿐이다. 그대들은 자신을 참지 못하고, 또 자신을 충분히 사랑하지도 않는다. 이웃이 아니라 자기 자신부터 사랑해야 한다.

자신을 진정으로 사랑하기 위해서는 먼저 자신의 힘만으로 무언가에 온 노력을 쏟아야 한다. 자신의 다리로 높은 곳을 향해 걸어야 한다. 그것에는 분명 고통이 따른다. 그러나 그것은 자신을 단련시키는 고통이다.

혼자일 수 없다면 나아갈 수 없다. 이 세상 모든 것을 다 준다 해도 한 걸음, 단 한 걸음도 타협하지 말라!

Nietzsche

Friedrich

오랫동안 심연을 들여다보면
그 심연 또한 너를 들여다보게 된다

괴물과 싸우는 자는 자신이 그 괴물이 되지 않도록 조심해야 한다. 오랫동안 심연을 들여다보면 그 심연 또한 너를 들여다보게 된다.

나는 너무 오랫동안 고독과 함께 지냈다. 나는 침묵마저 잊어버렸다. 식인종의 나라에서 고독한 자는 홀로 있을 때 스스로를 먹어치우고, 대중과 함께 있을 때는 대중이 그를 먹어치운다. 그러니 어느 쪽이든 망설이지 말고 택하라.

빛과 그림자는 적이 아니다

나의 친애하는 그림자여, 내가 너를 얼마나 무례하게 대했는지 이제야 깨달았다. 그동안 내가 너를 얼마나 기쁘게 생각했는지, 얼마나 감사했는지 단 한마디도 하지 못했지만, 빛을 사랑하는 만큼 나는 그대를 사랑하고 있다.

얼굴에 아름다운 미소가 떠오르듯, 언어에 간결함이 전해지듯, 성격에 선량함과 견고함이 존재하려면 그림자가 있어야 한다. 빛과 그림자는 적이 아니다. 빛과 그림자는 늘 정답게 손을 잡고 있다. 빛이 사라질 때 그림자도 어디론가 슬며시 사라지는 것은 빛을 따라간 것이다.

Nietzsche

Friedrich

행동은 약속할 수 있지만,
감정은 약속할 수 없다

　행동은 약속할 수 있지만, 감정은 약속할 수 없다. 감정은 변덕스럽기 때문이다. 누군가에게 언제까지 사랑하겠다든지, 언제까지 증오하겠다든지, 혹은 언제까지 충실하겠다는 약속을 서슴지 않고 결행하는 인간은 자신의 힘이 미치지 않는 것을 약속하는 것과 같다.

　통상적으로 애정이나 증오에서 비롯되는 감정, 혹은 이와 비슷한 동기에서 파생될 수 있는 행동이라면 약속해도 무방하다. 하지만 누군가를 언제까지 사랑하겠다는 약속은 내가 너를 사랑하는 한 나는 너에게 사랑의 행동을 나타낼 것이며, 내가 너를 사랑하지 않게 된 경우 너 역시 같은 동기에서 더 이상 나를 사랑하지 않게 될 것이라는 말과 같다.

　이런 의미를 제대로 이해하지 못한 사람들의 머릿속에는

자신들의 애정은 변치 않을 것이며, 언제까지나 동일하게 유지될 것이라는 망상만이 껍데기처럼 늘어지게 된다. 즉 자신에 대한 기만 없이 누군가에게 영속적인 애정을 약속하는 자가 있다면 그것은 껍데기가 영원하다고 말하는 것과 같은 의미이다.

여행자의 다섯 등급

여행자를 다섯 등급으로 나눠보자. 최하급 여행자들은 남에게 관찰당하는 여행자들이다. 그들은 여행의 대상이며, 장님이다. 다음 등급의 여행자들은 스스로 세상을 관찰하는 여행자들이다. 세 번째 등급의 여행자들은 관찰한 결과를 체험하는 여행자들이다. 그보다 한 단계 높은 여행자들은 체험한 것을 습득해서 계속 몸에 지니고 다니는 여행자들이다. 마지막으로 최고 수준의 여행자들은 관찰한 것을 체험하고, 습득한 뒤 집으로 돌아와 일상적인 생활에 반영하는 사람들이다.

삶의 여로旅路를 걷는 우리들은 이 다섯 등급의 여행자로 나뉜다. 최하급의 여행자는 수동적인 인간이며, 최상급의 여행자는 습득한 모든 지혜를 남김없이 발휘하며 살아가는 능동적인 여행자이다.

글을 쓰는 것 외엔 이 생각들을
머릿속에서 몰아낼 방법이 없다

— 나는 잉크가 찍힌 펜을 들고 공상하는 인간이 아니다. 멍청히 의자에 앉아 흰 여백만 노려보면서 무언가 튀어나올 때까지 잉크병 뚜껑을 열었다, 닫았다 하는 인간도 아니다. 나는 글을 쓰는 행위에 화가 난다. 이것은 나의 수치다. 하지만 어쩔 수 없이 나는 써야만 한다.

— 그런데 왜 그대는 쓰려고 하는가?

— 솔직히 말하면, 글을 쓰는 것 외엔 이 생각들을 머릿속에서 몰아낼 방법이 없다.

— 왜 그대는 생각을 몰아내려고 하는가?

— 왜 그러냐고? 내가 방금 무슨 말을 했는데? 나는 어쩔 수 없이…….

— 이제 그만 됐다. 충분히 알아들었다.

Friedrich Nietzsche

자신이 갖고 있는 힘의
4분의 3만 표현하라

하나의 작품을 완벽한 예술로 승화시키기 위해 작가는 자신이 갖고 있는 힘의 4분의 3만 표현해야 한다.

만약 이 같은 경고를 무시하고 작가가 자신의 극한까지 내달려 작품을 완성한다면, 그의 작품은 독자를 흥분시키고, 작품을 관통하는 긴장이 독자를 불안하게 만들 것이다.

완성은 어느 정도 여유가 수반되어야 한다. 한가로이 들판에 누워 풀을 뜯는 암소처럼 인간을 평화롭게 만드는 예술은 없다.

모두가 읽을 수 있는 책을 쓰느니,
아무도 읽을 수 없는 책을 쓰고 싶다

　　완벽한 독자를 머릿속에 그려본다. 용기와 호기심이 어
우러진 잔혹한 괴물이 떠오른다. 게다가 그는 자유분방하며
동시에 재기가 넘치지만 신중하기까지 하고, 타고난 모험가
에 발견자로서의 감수성도 풍부하다. 나는 『차라투스트라는
이렇게 말했다』를 이용해 독자들에게 말을 걸었던 것이다.
하지만 모든 독자에게 말을 걸지는 않았다. 나는 차라투스트
라의 입을 빌려 소수의 타고난 독자들에게만 수수께끼를 던
졌다. 그들은 누구인가?

　　"너희 대담한 탐험가들, 모험가들, 그리고 영민한 지성의
돛을 달고 위험한 바다를 항해한 적이 있는 자들이여, 수수
께끼에 취한 자들, 불확실함을 즐기는 자들, 피리소리만 듣
고도 미궁으로 빨려 들어가는 영혼의 소유자들이여……"

이런 자들만, 나만큼이나 전투적이고 열정적이며, 마치 나의 그림자 같은 독자들만, 나에게 버금가는 사람만이 나를 이해할 자격이 있다. 그렇다고 내 편을 들어달라는 것은 아니다. 그러기를 바라지도 않는다. 그저 처음 보는 낯선 식물을 발견했을 때처럼 약간의 호기심과 비판적 저항, 이것들로 나를 평가해 달라는 요구뿐이다.

나는 읽히지 않는다. 나는 읽히지 않을 것이다. 읽히지 않는 것이 나의 승리다. 모두가 읽을 수 있는 책을 쓰느니, 아무도 읽을 수 없는 책을 쓰고 싶다. 아무나 뜯어먹을 수 있는 정신의 고깃덩어리로 사느니, 아무도 먹을 수 없는 돌멩이로 죽고 싶다.

나의 책은 극소수 독자들을 위한 책이다. 독자들이 아직 태어나지 못했는지도 모른다. 나의 날은 내일 이후. 어떤 사람은 죽은 뒤에 태어난다.

굶주린 손님은
식사에 초대하지 않는다

굶주린 사람은 아무리 훌륭한 식사라도 음미하려고 하지 않는다. 그에게 있어 빵 한 조각과 고풍스런 만찬은 단지 배를 채워준다는 의미에서 동일하다. 그 때문에 까다로운 예술가는 굶주린 손님을 식사에 초대하지 않는다.

Friedrich Nietzsche

대중문화는
노예제도의 결과물이다

새로운 신념에 매혹된 적이 없는 자. 아직도 처음 걸려든 그 신념의 그물에 언제까지나 매달리려 하는 인간은 어떤 말 못할 사정이 있든 간에 변할 수 없는 그의 신념으로 말미암아 뒤처진 문화의 대표자가 되곤 한다.

이런 부류의 인간은 낯설고, 어리석으며, 가르치는 것이 불가능하고, 강퍅하며, 영원한 비방자로 남는다. 이들은 자신의 뒤떨어진 관념을 강요하고자 갖가지 수단을 동원하는 무법자가 되기 쉽다. 그들은 다른 의견이 자신의 주변에서 떠돈다는 사실을 도무지 받아들이려 하지 않는다.

사람들은 예술가에게 넌지시 충고한다. "내가 듣고 싶은 음악은 좀 더 가볍고, 경박한 음악이지 숭고한 걸작이 아니다. 내가 요구하는 문학은 원숭이도 이해할 수 있는 전원시

나 익살맞은 풍자시다. 만약 우리 시대에 뭔가 색다른 작품이 필요하다면 고전 작가의 가장 유명한 작품을 복사해서 돌려보면 된다."라고.

사람들은 이따금 문화와 너무 동떨어진 생활에 두려움을 느끼곤 한다. 그들은 부족해진 감동을 채우기 위해 돈만 내면 언제든지 그 진절머리 나는 이기적 감동을 제공하는 극장과 연주회장을 찾는다. 또 그럴듯한 소각상이 세워진 광장에서 작품의 의미보다는 전시를 주최한 협회의 이름으로 만족을 느낀다.

어떤 예술적인 협회를 조직하는 사람들은 자신들의 감수성을 세상에 관철시키려고 안달이 나 있다. 그들은 예술과 예술가에 대한 심판관이 되고 싶어 한다. 그리고 자신들이 소화해 내지 못한 엄격하고 고상하며, 양심적인 교육에 대한 무관심을 조장하려 한다.

예술을 성장시킬 수 있는 넓고 깊고 비옥한 토지를 만들어내려면 소수를 위해 희생되는 엄청난 숫자의 다수가 필연이다. 이 다수는 개인적인 욕구를 봉합당한 채 삶의 비루한 노예로 종속되어야만 한다. 그 대가로 소수의 특권계급은 다수의 희생이 제공한 삶에서의 해방을 자양분 삼아 실존이라는 투쟁만으로는 절대로 도달할 수 없는 새로운 욕구의 세계를 생산해냄으로써 희생된 다수를 충분히 만족시켜야 할 의무를 지니게 된다. 이것이 소수의 예술가들로 쌓아올린 대중문화의 본질이다. 대중문화는 노예제도의 결과물이다. 잔인하게 들릴지 모르지만 이해해야 한다. 문화는 프로메테우스라는 후원자의 간을 갉아먹는 독수리다.

생각이 깊은 사람들은
천박함을 가장한다

생각이 깊은 사람들은 타인과 교제할 때 자신이 마치 희극배우라도 된 것 같은 기분이 든다. 그들은 타인의 이해를 구하려고, 누구나 쉽게 받아들일 수 있는 천박함을 가장해야 하기 때문이다.

내겐 고독이 필요하다. 즉 회복과 나 자신으로의 복귀와 자유를 위한 산소가 필요한 것이다.

Nietzsche

Friedrich

허물을 벗지 못하는 뱀은 소멸한다

　기존의 주장을 바꾼다는 것은 옷을 바꿔 입을 때와 마찬가지로 일종의 정신적 청결이 요구된다. 그러나 어떤 인간들은 허영의 요구로 자신의 주장을 버릴 때가 있다.

　사람들은 신념이 위대한 정신의 특성이길 바라지만 실상은 회의, 비도덕성, 공인된 신앙처럼 포기할 수 있는 것들이야말로 위대한 정신의 속성이다. 카이사르, 나폴레옹, 호메로스, 아리스토파네스, 레오나르도 다빈치, 괴테처럼.

　허물을 벗지 못하는 뱀은 소멸한다. 새로운 의견을 방해받은 정신도 마찬가지다. 새로운 의견이 중단된 정신은 더 이상 정신으로 활동할 수 없다.

교회라는 동물원

시대를 막론하고 인류는 인간을 개선시키겠다며 노력해 왔다. 그렇게 노력해서 태어난 것이 도덕관념이다. 인류가 어떤 짐승을 길들였다고 해서 과연 그런 길들임이 그 짐승을 개선시킨 것이라고 말할 수 있을까? 짐승을 길들이는 일이 개선이라고 주장한다면 사람들은 농담처럼 웃어넘길 것이다. 동물원에서 일어나는 참극을 알고 있는 자라면 동물원에서 야수들이 개선되는 중이라는 말을 입에 담지 못한다. 그곳에서 야수들은 나약해지고 덜 위험스러워지며, 우울한 공포와 고통과 상처와 배고픔으로 병들어 간다. 그렇게 병들어 가는 모습을 구경시켜 줘야만 한다. 그것은 개선과는 거리가 멀다.

종교는 개선이라는 명분을 앞세워 도덕관념으로 인간을

길들이는 데 성공했다. 중세 초기 교회는 대표적인 동물원이었다. 그 시절 인류는 금발을 휘날리는 게르만족 야수들을 사냥해 교화시켰고, 끔찍하게 길들였다. 그렇게 시간이 흐르고 우리는 어떻게 변했는가? 한마디로 실패작이 되어버렸다. 이제 인간은 모두가 죄인이다. 온갖 사회적 풍습에 갇혀버렸다. 본능을 빼앗긴 채 본능이 머물던 자리에 끔찍한 개념들을 채워버렸다.

국가와 사회는 구경거리로 전락한 인간이 어슬렁거리는 동물원이다. 그곳에서 한때 야수였던 인간은 병들어 꼼짝도 할 수 없는 움츠린 그림자로 자기 자신을 향한 악의에 가득 찬 눈으로 엎드려 있다. 여전히 마음 한구석에는 삶을 향한 충동이 들끓고 있지만, 또 한편으로는 자기 안의 충동을 증오하느라 고통스럽다. 인간은 이제 자신의 힘과 능력을 의심하는 것 말고는 할 줄 아는 게 없다. 오늘날의 인간은 행복에 대한 의심 때문에 행복을 거부하고 있다. 쉽게 말해 인간은 기독교인이 되고 말았다.

종교와 교회가 인간을 망쳤다. 하지만 종교는 아직도 그들이 인간을 개선시켰다고 주장하는 중이다.

나는 인간이 아니다,
다이너마이트이다

나는 내 운명을 알고 있다. 언젠가 나의 이름 앞에 어떤 위험한 추억이 새겨지는 날이 도래할 것이다. 일찍이 지상에 존재하지 않았던 위기, 신념을 위한 싸움과 추억.

나는 인간이 아니다. 다이너마이트이다.

그러나 나의 이상에는 종교가 추구하는 영혼의 개조 따윈 없다. 모든 종교는 노예의 사상이다. 종교적인 인간과 접촉할 수밖에 없다면, 나는 반드시 그와 헤어진 후 손을 씻겠다.

나는 '신자'가 될 생각은 없다. 때론 나 자신을 믿어야 한다는 사실에 거부감마저 느낀다. 나는 더 이상 대중에게 이야기하고 싶지 않다.

Friedrich

Nietzsche

결혼은 하나의 것을 창조하고 싶은
두 사람의 의지다

가장 훌륭한 친구는 아마도 가장 사랑스런 아내를 얻게 될 것이다. 결혼은 우정의 재능에서 비롯되기 때문이다.

남성은 그녀와의 결혼을 선택하기 전에 이런 자문을 해봐야 한다. "너는 이 여자와 늙을 때까지 함께 이야기할 자신이 있는가?" 사랑은 일시적이지만, 함께 지내는 시간의 대부분은 대화이기 때문이다.

여성은 남자를 사랑하기 위해서 도수가 약간 높은 안경을 미리 써두는 편이 좋다. 만약 20년 후의 그를 사랑할 자신이 있는 여성이라면, 아마도 일생을 평온하게 지낼 수 있을 것이다.

결혼은 하나의 것을 창조하고 싶은 두 사람의 의지이다. 그러나 결혼이 만들어내는 한 가지는 그것을 만드는 데 필요한 두 개 이상의 의지를 필요로 한다. 의지를 함께 공유하는 자로서 상호간에 경의를 표하는 것, 나는 이것이 결혼이라고 생각한다.

진실한 사랑이란, 영혼이 육체의 결점을 감싸줄 때이다.

유혹당하지 않고는
버틸 수가 없다

　어떤 자는 그녀를 탐내지만 손에 넣지 못하고, 어떤 자는 면사포를 걸친 그녀를 상상하며, 어떤 자는 그물 밖에서 그녀를 찾는다. 그녀가 얼마나 아름다운지 나는 확실히 알지 못한다. 다만 늙은 잉어마저 그녀에게 매혹되어 물 밖으로 뛰쳐나올 정도라는 것을 알 뿐이다.

　그녀는 변덕스럽고, 제멋대로 군다. 나는 종종 그녀가 입술을 깨물며 머릿결을 반대로 빗는 것을 보았다. 그녀는 작은 악마이며, 성실과는 거리가 멀다. 그녀가 아무리 아름다울지라도 그저 평범한 여자에 불과하다. 하지만 그녀가 스스로를 나쁘게 말하며 눈물을 흘릴 때, 나는 유혹당하지 않고는 버틸 수가 없다.

내 사랑, 루 살로메에게

나의 폭발하는 과대망상증과 상처받은 허영심 때문에 당황할 필요 없소. 설사 내가 당신에게 버림받은 치욕스런 감정을 이기지 못해 어느 날 갑자기 자살하더라도 너무 걱정할 필요는 없소. 당신과의 사랑을 꿈꿨던 나의 공상이 당신 삶과 무슨 상관이 있겠소! 그저 당신이 선물한 고독에 빠져 완전히 정신이 돌아버린 반미치광이가 되었다는 사실만 기억해 두시오. 당신에게 버려졌다는 절망을 이기지 못해 엄청나게 많은 아편을 빨아댄 뒤에야 사태를 이처럼 분별할 수 있게 되었소. 아편으로 제정신을 잃었고, 덕분에 사리 분별이 생겨났소. 당신은 조금도 궁금하지 않겠지만, 지난 몇 주 동안 정말 아팠소.

_1882년 12월 24일, 루 살로메에게 보낸 편지

Friedrich

Nietzsche

편집자 주) 니체는 철학자 파울 레에게 루 살로메라는 아름답고 지적인 여성을 소개받는다. 니체는 자신을 이해하고 철학에 대해 함께 논할 수 있었던 그녀를 매우 사랑하게 되었고, 살로메 역시 니체의 사상에 큰 관심을 보이며 그와 사귀기 시작한다.

그러다 니체가 살로메에게 청혼하자 그녀는 거절한다. 대신 자신과 니체와 레, 이렇게 세 명이 육체적 관계 없이 오로지 철학만을 논의하면서 지내는 동거 생활을 하자고 제안한다. 일반적이지 않은 관계였지만, 그녀와 함께 살고 싶었던 니체와 레는 이 의견을 받아들인다. 동거 중 니체는 다시 살로메에게 청혼한다. 그러자 그녀는 니체와 15일간 철학적 대화를 나눈 후 더 이상 그에게 배울 것이 없다고 생각하고는, 레와 함께 몰래 그 집에서 도망친다.

살로메는 레와 동거하며 사회학자, 작가 등 여러 부류의 지성인들과 자유롭게 사귄다. 그러던 중 살로메를 계속해서 짝사랑하고 있었던 레가 청혼을 했지만 거절하고, 동양언어학자 안드레아스와 결혼해 버린다. 루 살로메의 결혼 소식을 들은 니체는 슬픔에 빠져 자신의 책 『선악의 저편』에 다음 말을 남긴다.

"당신이 나에게 거짓말을 해서 화가 난 것이 아니라 지금부터 당신을 믿을 수 없다는 사실에 화가 납니다."

사랑은 파멸보다
변화를 더 무서워한다

사랑은 상대방을 죽임으로써 다가올 변심을 미리 막고
싶은 충동을 간신히 참아낸다. 왜냐하면 사랑은 파멸보다 변
화를 더 무서워하기 때문이다.

하루의 3분의 2를
자신을 위해 사용할 수 없다면

사회는 자신의 그늘 속에서 살아가는 인간이 불행이나 고독을 느낀다면 결코 용서하지 않겠다고 다짐했다. 그래서 우리는 고독을 떠올릴 때마다 죄를 짓는 것처럼 불안해하는 것이다.

서쪽으로 갈수록 현대인의 초조가 점점 심해지고 있다. 미국인은 유럽인들이 모두 조용한 정서를 사랑하고 즐기고 있다는 상상에 빠지곤 하는데, 실제로는 유럽인 대부분이 꿀벌이나 말벌처럼 정신없이 날아다니고 있다. 이 같은 소란으로 발전한 문화는 결코 열매를 맺을 수 없다. 그들이 이룩한 문명은 마치 계절의 변화를 잘못 판단해 너무 일찍 허물을 벗어 던진 애벌레와 같다.

우리의 문명은 새로운 야만에 이르렀다. 현대처럼 활동

가가 문명을 장악한 적은 없었다. 고요한 침묵은 이제 인류가 거쳐야 할 필연적인 교육 중 하나가 되었다.

활동가는 보다 높은 수준의 활동에 거부감을 드러낸다. 여기서 말하는 좀 더 높은 수준의 활동이란 개성적인 활동을 뜻한다. 그들은 관리, 상인, 학자로서 활동하며 많은 장르를 개척했지만, 특정한 덕목을 갖춘 개인으로 활동하지는 못한다. 이런 점에서 비춰볼 때 한마디로 그들은 나태하다.

어느 시대나 그렇듯이 오늘날에도 인간은 노예와 자유인으로 분리된다. 만약 하루의 3분의 2 정도를 자신을 위해 사용할 수 없는 인간이라면, 그가 정치가이든 상인이든, 혹은 관리나 학자이든 그저 노예일 뿐이다.

Friedrich Nietzsche

자신을 이기지 못한 기나긴 삶에
무슨 가치가 있겠는가

네가 만난 가장 골치 아픈 적은 언제나 너 자신이었다. 동굴에서, 숲속에서 너 자신이 너를 기다리고 있었다. 고독한 자여, 그대는 그대 자신의 길을 걷고 있음을 반드시 명심하라!

그대는 그대 자신이 파놓은 불길 속에서 스스로를 불태워 죽여야만 한다. 우선 그대의 인식을 재로 만들어야 한다. 재가 될 수 없다면 새로운 탄생은 도래하지 못하리라!

목적이 위대하다면 잔인무도한 전쟁마저도 거룩해질 수 있다고 당신들은 외치고 싶은 것인가? 나는 대답하겠다. 위대한 전쟁만이 목적을 거룩하게 만들 수 있다.

그러므로 말하겠다. 살아라! 전쟁을 일으켜라! 너의 삶과 싸워라! 너 자신을 이기지 못한 기나긴 삶에 무슨 가치가 있겠는가!

아모르 파티, 운명애

나는 아직 살아 있다. 나는 또 생각하고 있다. 나는 조금 더 살아야 한다. 왜냐하면 내겐 아직도 생각해야 할 무언가가 남아 있기 때문이다.

새해 첫날에는 자신의 소망과 가장 사랑하는 상념을 모두 씻어버려야 한다. 나 역시 자신이 무엇을 소망하는지, 어떤 상념이 이 해에 가장 먼저 달려올 것인지, 어떤 생각이 앞으로 내 모든 생활의 토대가 되고, 보증이 되고, 기쁨이 될 수 있을 것인지 떠들고 싶어졌다.

사물에서 비롯되는 필연적인 사건을 진정한 아름다움으로 받아들이는 것, 나는 이것을 배우고 싶다. 만약 이런 방법에 익숙해진다면 나는 평범한 사물을 아름다움으로 승화시키는 사람들 중 한 명이 될 것이다.

운명애amor fati, 앞으로 이 사랑이 나의 사랑이 되기를 간절히 소망한다! 나는 더 이상 추한 것과 싸우고 싶지 않다.

인간의 위대함이 드러나는 수단이 운명애다. 우리의 영혼은 결코 변할 수 없는 가치가 필연적으로 덮쳐오더라도 이를 감내할 뿐 아니라 사랑할 수 있다.

오직 혼자 이 길을 걸어야 한다

나의 제자들이여, 지금부터 나는 오직 혼자 이 길을 걸어야 한다. 너희들 역시 혼자 이 길을 걸으라! 이것이 나의 소망이다.

내게서 멀리 떨어져라. 그리고 차라투스트라에게서 스스로를 지켜라. 좀 더 발전할 수 있다면 그를 부끄럽게 만들어라. 아마도 그는 너희들을 기만하면서 위안을 느꼈던 모양이다.

인식에 매몰된 인간은 그 적을 사랑할 뿐 아니라 친구마저 증오할 수 있어야 한다.

언제까지나 제자로 머문다고 해서 스승을 기쁘게 할 수는 없다. 너희들은 왜 나의 이 비참한 승리를 뺏으려 하지 않는가.

너희들은 차라투스트라를 믿는 것이냐? 차라투스트라가

대체 무엇이란 말이냐! 너희들은 나를 믿는다고 떠들어대지만, 너희들이 나를 믿음으로써 내가 얻을 수 있는 것이 무엇이냐!

너희들은 여태껏 단 한 번도 너희들 자신을 찾아본 적이 없는 것이다. 그때 나라는 인간을 발견했을 뿐이다. 이것은 모든 신앙이 동일하게 밟아온 길이다. 따라서 모든 신앙은 쓸데없는 열광일 뿐이다.

지금 나는 너희들에게 명령한다. 나를 잃어버리고 너희들 자신을 발견하라. 너희들 모두가 나를 부정할 수 있게 되면 비로소 나는 너희들에게 돌아가리라.

2부

Friedrich Nietzsche

타인의 자아에 항상 귀를 기울이는 것,

이것이 바로 진실한 독서라고 할 수 있다.

「이 사람을 보라」

낙타와 사자, 그리고 어린아이

정신의 세 가지 변화에 대해 그대들에게 설명해야겠다. 정신이 낙타가 되고, 낙타는 사자가 되며, 사자는 마침내 어린아이가 되는 경위를.

우리의 거룩하고 굳센 정신은 여러 가지 무게에 시달리고 있다. 때문에 이 거대한 정신은 무거운 짐, 필연적으로 가장 무거운 짐을 만나게 된다. 우리의 거대한 정신이 대체 무엇을 무거워한다는 말인가?

이 의문을 풀기 위해 그대는 무릎을 꿇는다. 마치 낙타처럼 이 무거운 짐을 잔뜩 짊어지려 하는 것이다.

그대들이여, 가장 무거운 짐은 무엇인가? 거대한 정신은 이렇게 말한다. 나는 이 무거운 짐을 짊어지고 나의 위대한 힘을 즐기리라.

자부심을 위해 스스로 고개를 숙이려는 것인가? 아니면 지혜를 비웃고자 스스로 우매를 신봉하는 것인가? 우리가 승리를 자축할 때 이 모든 기쁨을 멸시하고 싶은 것인가? 그대를 유혹한 자를 다시 유혹하고자 이 높은 산을 오르겠다는 것인가? 지식이 열린 참나무와 그 풀잎을 먹으며 진리를 위해 영혼의 굶주림을 참겠다는 것인가? 병든 그대를 찾아온 친구들을 돌려보내고, 그대가 원하는 말을 들어본 적도 없는 저 벙어리들과 우정을 맺고 싶다는 것인가? 진리의 샘물이 눈앞에서 조용히 흐르는데, 구정물을 바라보며 차갑게 식은 개구리와 뜨겁게 달궈진 두꺼비를 몰아낼 생각이 없다는 것인가?

가장 어려운 짐들을 우리의 거대한 정신은 기꺼이 짊어진다. 그는 무거운 짐을 지고 사막을 건너는 낙타처럼 자신의 사막으로 달려간다.

그러나 이 고독의 사막에서 그는 두 번째 변화를 경험한다. 여기서 우리의 정신은 사자가 된다. 자유는 그를 사막의 군주로 삼고 싶어 한다.

그는 자신의 사막을 다스릴 최후의 군주를 찾는다. 그리고 모든 신을 적으로 여긴다. 그는 거대한 용에게 싸움을 건다.

우리의 정신이 이미 군주, 혹은 신으로 부를 수 없다고 규정한 거대한 용은 무엇인가? 용은 우리에게 말한다. "그대 마땅히 해야 할지니라." 그러나 사자로 변한 우리의 정신은 말한다. "나는 단지 하고자 할 뿐이다."

'그대 마땅히 해야 할지니라'는 금빛으로 물든 비늘을 자랑하는 짐승의 형상으로 그의 앞길을 가로막는다. 짐승의 몸에 새겨진 비늘마다 '그대 마땅히 해야 할지니라'는 말이 빛나고 있다. 저 거대한 용은 이렇게 말한다.

"모든 가치는 나의 머리 위에서 빛난다. 모든 가치는 이미 창조되었다. 창조된 모든 가치는 바로 나 자신이다. '나는 단지 하고자 할 뿐이다'는 있을 수 없다."

용은 그대를 향해 이렇게 말한다. "형제들이여, 왜 우리에겐 사자가 필요한 것인가? 저 상냥하고 경건한, 그래서 위대한 짐승은 어째서 받아들일 수 없는 것인가?

새로운 가치의 창조는 사자가 할 수 있는 일이 아니다. 그러나 새로운 가치를 창조하는 데 필요한 자유는 사자만이 창조할 수 있다. 스스로 자유를 창조하고, 신성한 의무를 거부하기 위해, 형제들이여. 우리에겐 사자가 필요하다. 새로운 가치를 획득한다는 것은 경건한 정신의 가장 위대한 약탈이다. 진실로 위대한 정신이 가치를 획득한다는 것은, 그 권리를 주장한다는 것은 약탈이다. 그것은 짐승의 소행이다."

그는 가장 신성한 가치로서 '나는 단지 하고자 할 뿐이다'
를 사랑하였다. 이제 그의 사랑에서 자유를 획득하기 위해
그 가장 신성한 사랑 속에서 광란과 방심을 찾아내지 않으면
안 된다. 이 약탈에 사자가 필요하다.

그러나 형제들이여, 사자도 감히 할 수 없는 일을 어린아
이가 해낼 수 있다는 사실을 믿어다오. 무엇 때문에 사자는
어린아이가 될 수밖에 없는 것인가?

어린아이는 순수하다. 망각이다. 새로운 출발이다. 하나
의 놀이다. 저절로 굴러가는 수레바퀴이다. 최초의 운동이
다. 그리고 무엇보다 신성한 긍정이다.

그렇다, 형제들이여. 창조는 긍정을 필요로 하고 있다.

이제 정신은 자신의 의지를 요구한다. 세상을 등진 자만
이 자신이 원하던 세계를 얻을 수 있다.

나는 정신의 세 가지 변화에 대해 그대들에게 설명했다.
정신이 낙타가 되고, 낙타는 사자가 되며, 사자는 마침내 어
린아이가 되는 경위를.

의미 없는 것이 왜 문제인가

의미 없는 것이 왜 문제인가! 인생이 꼭 무엇인가를 증명해야만 하는가? 목표와 목적도 없이 '헛되이' 이루어지는 지속이 인생을 마비시킨다고 떠드는 자들이 있다. 이러한 사상이 세상을 지배하고 있다. 하지만 생각해 보자. 의미도 없고 뚜렷한 목표도 없음에도, 그러나 피할 수 없는 회귀처럼 무한히 반복되는, 영광스런 결말도 없이 그저 존재하기만 할 뿐인 그 자체로서의 실존. 의미 없음의 영원한 반복. 이것이야말로 인생이라는 무의미한 가치의 가장 극단적인 형식이 아니냔 말이다. 무의미여, 영원하라!

날짜도 신문도 생각하지 말고,
오직 내 안의 외침만 좇아가야 한다

　날씨가 점점 추워지고 있다. 방이 겨울처럼 차갑다. 난방비는 떨어진 지 오래다. 팔다리에 자주 마비가 온다. 나는 다락방에 갇혔다. 다락방은 내가 그토록 원했던 고독이라는 이상이 실현되는 나의 숨겨진 정신세계다. 순수한 고독을 위해 나는 서슴없이 이 차갑고 황량한 다락방 속으로 들어간다. 이곳에서는 나의 본성이 갈망하는 필수적이면서도 단순한 모든 요구들을 합당하게 대접해줄 수 있다. 숱한 고통을 참아낸 끝에 깨달았다. 나는 그 누구의 요구도 아닌, 나 자신의 요구를 들어줘야 한다는 것을. 그것만이 내 인생의 유일한 성공이라는 진리를!

　이틀 전 발작은 정말이지 위험했다. 겨우 회복되었지만, 이틀 동안 아무것도 못했던 탓인지 회복되자마자 엄청나게 무리했다. 너무 많은 문제들을 뒤쫓고 있다는 생각이 든다. 부디 앞으로도 지금과 같은 고립 상태가 지속되기를 바란다. 앞으로 오랫동안 내가 알아들을 수 없는 말을 사용하는 이 도시에서, 아는 사람 하나 없는 이 낯선 땅에서 살아가야 한다. 세상을 모른 채 살아가야 한다. 무슨 일이 있어도 스스로 걱정에 휩싸이지 않기를! 수백 년 세월을 찰나처럼, 혹은 영겁처럼, 시간을 느끼지 못하듯이 살아가야 한다. 날짜도 신문도 생각하지 말고, 오직 내 안의 외침만 쫓아가야 한다.

체계가 없는 것이
내가 추구하는 체계다

　　나는 체계주의자들을 불신한다. 그들을 피해 도망친다. 체계를 세우려는 의지는 성실성의 결여다. 나는 체계적으로 글을 쓰지 않는다. 그렇다고 나의 생각이 체계적이지 않다는 말은 아니다. 나의 사유엔 체계가 전혀 없다. 체계가 없는 것이 내가 추구하는 체계이며, 겉으로 보이는 모습은 아무데서나 끌어온 사상을 마구 뭉쳐놓은 것처럼 보일지 몰라도 세세히 들여다보면 일관적이고 논리적이고 질서정연하게 단 한 가지 사상만을 주장하고 있음을 엿볼 수 있을 것이다. 그것은 바로 창조와 고통의 영원한 회귀다.

Friedrich Nietzsche

자유로운 인간은 전사다

자유란 무엇인가? 책임에 대한 의지. 분리에 필요한 거리. 노고와 난관과 궁핍에 대한 무관심. 삶에 대한 냉담. 눈앞의 문제를 해결하기 위해 자신을 포함한 타인들을 언제든 희생시킬 수 있는 무정함. 그것이 자유다. 자유는 본능이다. 싸움에서 승리하고 싶은 본능, 기쁨을 누리고 싶은 본능이다. 그 본능이 지배하는 삶이야말로 인간이 추구하는 행복의 실체다.

폭정에서 다섯 걸음 떨어져 있고, 복종이라는 위험의 문턱 근처를 서성일 때 자유로운 인간이 만들어진다. 자유로워진 인간은, 그리고 자유로워진 정신은 짓밟기 위해 일어선다. 자유로운 인간은 전사다.

누구든 자유롭고 싶다면, 자기 자신부터 자유롭게 내버

려둬야 한다.

모든 것이 그대의 자유다. 그대가 어떤 일을 할 수 있는 것은 그대가 원하기 때문이다.

교만이라는 원동력이 없었다면

어느 시대나 지식인의 가장 큰 악덕으로 교만이 회자되었다. 하지만 만약 이 교만이라는 원동력이 없었던들 지상은 진리의 효과를 기대할 수 없었을 것이다. 지식인의 교만은 자신의 사상과 개념을 더욱 확고한 것으로 만든다.

교만은 남들의 비판에 상관없이 스스로를 존경하고, 어울리는 명예를 찾아 수여하고, 자신을 이해하지 못하는 어리석은 이웃들을 경멸한다. 지식인은 자신의 교만한 성품을 만날 때마다 마치 절친한 동료를 만난 것처럼 반가워한다. 그의 사상을 인정하는 유일한 친구가 바로 교만이기 때문이다.

그는 교만의 정신적 인격과 독립적인 실체를 인정한다. 내가 평소 나의 교만을 '지적 양심'이라고 부르는 것처럼 말이다.

예술은 오직
삶을 위해서만 존재해 왔다

진리는 추악하다. 진리에 의해 멸망하지 않으려면 우리는 '예술'을 갖는 수밖에 없다. 정신의 소산 중 가장 지치고 허약한 것, 인생에 위협적이며 부정적인 것은 예술로부터 항상 보호를 받는다.

예술은 삶을 가능케 하는 위대한 움직임이며, 평범한 삶에서 도피할 수 있게끔 사람들을 자극하는 위대한 유혹이다. 예술은 삶을 부정하려는 모든 의지를 짓누를 수 있는 유일한 힘이다. 예술은 인식하는 자를 구제한다. 즉 비극적 인식에 사로잡힌 인간을 구제할 수 있다. 예술은 행동하는 자를 구원한다. 즉 비극적·전투적 인간인 영웅을 구원한다. 예술은 고뇌하는 자를 구원한다. 개인적인 고뇌를 정화시켜 한 개인의 극히 일상적인 고뇌마저 위대한 삶의 형식으로 바꿔버릴 수 있다.

Nietzsche

Friedrich

예술이 하는 일은 무엇인가? 예술이 언제 인생을 부정했단 말인가? 예술이 언제 인생에 고개를 돌렸단 말인가? 예술이 삶을 드러내지 못한 적이 있던가? 예술이 사회적 가치를 약화시키고, 도덕을 추락시킨 적이 있던가? 예술이 인생의 구경꾼으로 돌아선 때가 언제였던가?

예술의 가장 심층적인 본능은 예술을 향하고 있지 않다. 예술의 유일한 의미는 삶이다. 삶이 소망하는 것들을 예술이 드러냈다. 예술은 삶의 위대한 자극제다. 예술이란 결국 삶의 문제다. 예술은 삶을 고양시키는 것을 찬미하고 삶을 약화시키는 것들에 반대해 왔다. 예술이 예술로만 존재한 적은 단 한 번도 없다. 예술은 오직 삶을 위해서만, 삶에 근거해서만 존재해 왔다.

독서란 잠시 숨을 고르는 것

　나의 경우 독서란 잠시 숨을 고르는 것과 같다. 나를 자신으로부터 해방시키는 것, 또는 타인의 학문이나 영혼 속에서 잠시 산책하는 것이라고 볼 수 있다. 나는 이미 오래 전부터 독서를 진지하게 여기지 않고 있다. 오히려 독서를 나의 진지함 속에서 길들이고 있다. 일에 몰두하고 있을 때 내 곁에는 단 한 권의 책도 찾아볼 수 없다. 누군가 나의 곁에서 쓸데없이 나불거리거나, 혹은 생각하지 못하게끔 미리 차단해야 할 필요성이 있기 때문이다. 나 자신을 빨아들이는 행위야말로 진정한 독서라고 생각한다.

　일종의 자기기만은 정신적 잉태의 첫 번째 본능이며, 책략이다. 나는 타인의 사상이 몰래 성벽을 타고 올라와 나만의 성채를 침범하는 것을 너무 오랫동안 방치했다. 이것이 독서의 정체다.

힘든 집필의 시간이 끝나면 휴식이 찾아온다. 자, 오너라.
광기에 물든 책들이여, 멀리했던 나의 서적들이여.

이 책이 난해하다고 말할지라도
그것은 결코 비난이 아니다

감히 누구도 거역할 수 없는 숙명에 이빨을 드러내는 자, 금단의 영역을 침범하려는 자, 미로를 헤매는 운명, 일곱 개의 뼈저린 고독, 새로운 음악, 미래를 내다보는 눈, 묵살된 진리에 대한 양심, 자신의 힘, 자신의 영감, 자신에 대한 경건, 자신에 대한 사랑, 자신에 대한 절대적인 자유…….

그렇다, 지금 말한 사람들이야말로 나의 유일한 독자讀者들이다. 나를 찾을 수밖에 없는 숙명적인 독자들이란 말이다. 그들을 제외한 나머지 사람들에겐 관심이 없다. 그들은 단지 인류일 뿐이다. 우리는 힘으로, 영혼으로, 경멸로 저 인류를 넘어설 것이다.

최악의 독자란 바로 약탈을 일삼는 패거리들이다. 그들은 자신이 이해할 수 있는 몇 가지 내용들을 끄집어 내곤 다

Friedrich

Nietzsche

른 모든 것을 내던진 후 전체를 매도한다. 독자들은 저자의 작품을 함부로 난도질하면서도 저자가 자신들에게 감사해야 한다고 요구한다.

이런 말을 하는 사람들이 있다. "나는 경험으로 이 책이 위험하다는 것을 알았다." 하지만 벌써부터 판단을 내릴 필요는 없다. 조금만 기다리면 곧 알게 된다. 그는 머지않아 이 책이 자신의 마음에 숨어든 병을 찾아내는 데 얼마나 큰 도움이 되었는지 고백하게 될 것이다.

현대인은 책을 읽을 때 한 페이지를 다 읽지 않는다. 약 20개의 단어 중 대여섯 개를 골라 멋대로 해석한 후 작가의 의도를 추측해 버린다.

읽는 것을 기술로 단련하기 위해서는 어떤 습관이 필요한데, 오늘날에는 이것이 거의 잊혀져 버렸다. 그것은 다름 아닌 되새김이다. 그렇기 때문에 나의 저작들이 사람들에게 읽히려면 아직도 많은 세월이 필요하다. 나는 독자가 소처럼 읽어야 한다고 믿는다.

사람이 글을 쓸 때는 이해되는 것뿐 아니라 어느 정도 이해되지 않기를 바라야 한다. 누군가 이 책이 난해하다고 말할지라도 그것은 결코 비난이 아니다. 그는 잠시 후 그것이 저자의 의도였을지도 모른다고 생각하게 된다. 저자는 모든 독자가 자신의 사상을 이해해야 한다고 생각하지 않는다.

고귀한 정신은 세상의 빛과 마주치기 전에 먼저 상대방을 선택해야 한다. 그리고 선택과 동시에 쓸데없는 독자들에겐 장벽을 하사해야 한다. 문체의 기원은 바로 여기서 시작되었다.

나는 독자를 위해 쓰고 싶지 않다. 나는 나에 대해 기록할 뿐이다. 나를 위해서.

오늘날의 교양과
교양적 속물

오늘날 '교양'이라는 것은 자신이 입고 있는 옷과 자신이 직접 구입한 집에 어느 정도 만족하고 있는가, 혹은 시내를 활보할 때, 유행하는 미술관에 들렀을 때 어느 정도 사람들의 주목을 끌 수 있는가에 달려 있다.

오늘날 스스로를 교양인이라고 자각하는 인사들은 저녁 만찬에서 유행하는 에티켓을 뽐내고, 미술관, 음악회, 극장 등을 순방하며 현대적인 예술을 유감없이 즐기다가 이 시대를 짓누르는 그로테스크한 퇴적물로 사라지게 될 것이다.

교양적 속물들은 자신에게 적대적이고 반항적인 분위기가 무르익으면 슬그머니 피하고, 부인하고, 입을 다물고, 귀를 막고, 똑바로 쳐다보지 않는다. 그들이 가장 증오하는 인간은 자신을 속물로 취급하며, 문화의 본질에 대해 언급하려는 자들이다.

  현존하는 '속물'들은 속물을 가리키는 일반적인 관념에서 자신을 분리시킨다. 이것은 하나의 미신이라고 할 수 있는데, 그 과정을 통해 그는 자신이 뮤즈의 아들이며 유일한 문화인이라고 자부하게 된다. 정상적인 사회인이라면 도저히 이해할 수 없는 망상이지만, 우리는 그들의 이 같은 모습에서 한 가지 사실을 추론할 수 있다. 즉 그는 속물이 무엇인지, 그리고 왜 자신이 속물인지를 전혀 모르고 있다는 점이다. 그러므로 그가 사석에서 자신은 속물이 아니라고 항변하는 까닭을 이해해야 한다.

  그는 인간이 보편적으로 갖춰야 할 인식에서 벗어난 돌출물이며, 자신의 '교양'이야 말로 정당한 문화의 표현이라고 굳게 믿고 있다. 그는 우리 사회 전반에서 자신과 같은 교양인을 발견했다. 그들은 학교, 대학, 미술관 등을 점거하고 있으며, 그곳에서 자신들의 교양을 한껏 발휘해 우리 시대의 문화를 선도한다는 자기도취에 빠져든다.

  이윽고 그들은 자신들이 만든 문화가 인류를 구제하고 있다는 확신을 갖게 되어 그에 상응하는 대가와 지위를 요구하기에 이른다.

Friedrich *Nietzsche*

살아남은 자들은
고통을 아픔이라 부르지 않는다

가장 생산적인 사람들의 생애와, 또한 민중의 삶을 살펴본 후 스스로에게 한번 물어보도록 하자. 앞으로 엄청나게 성장할 저 수목들은 과연 다가올 폭풍우를 피해야만 하는 것일까.

외부로부터의 분리와 반대, 어떤 종류의 증오와 질투, 불신, 냉혹, 탐욕, 난폭과 같은 개념이 없었다면 인류는 도덕을 깨닫지 못했을 것이다. 마찬가지로 저 거대한 어린 새싹은 퍼붓는 빗속에서 더욱 강인하게 자랄 수 있지 않을까.

연약한 인간을 말살해버리는 외부의 고통도 결국 살아남게 될 인간에겐 영양제에 불과하다. 살아남은 자들은 결코 고통을 아픔이라 부르지 않는다.

쇼펜하우어는 결코
꾸미려 하지 않는다

이 고독의 길에서 나는 병들었다. 나를 괴롭히는 질병은 육신의 고통이 아니다. 나는 지쳤다. 인간이 만들어낸 모든 흥분제 때문에 지쳐버린 것이다. 도처에서 낭비되는 정력, 노동, 희망, 청춘, 사랑, 끊임없는 환멸에도 지쳤다. 낭만적인 여성들, 광신적이며 방만한 신앙, 우리의 승리를 빼앗은 이 상주의적 허위와 진심이 사라진 양심에 대한 혐오로 지쳐버린 것이다.

나의 감정을 순결한 상태로 회복시키고, 모든 잡다한 사물들로부터 탈출시키고, 다시 한번 나를 느껴야 할 필요성이 제기되었을 때, 나는 스스로 존재하고자 철학을 할 것이다. 나는 병든 육신에 복수하기 위해, 이 병든 삶에 복수하기 위해 나의 철학을 만들었다.

Friedrich Nietzsche

철학이란, 스스로 얼음 구덩이와 높은 산을 찾아 헤매는 것을 말한다. 생존에 포함된 모든 의문을 탐구하는 것, 도덕이라는 이름으로 구속된 모든 영역을 살펴보는 것을 의미한다. 그렇다면 내가 이 철학을 통해 깨달은 진실은 무엇인가? 오류란 맹목이 아니라 비겁이었다는 점, 이상을 부정하는 것이 아니라 이상에 도전해야 한다는 점이다.

허락되지 않은 모든 것을 갈망하는 욕망이 나의 철학이다. 왜냐하면 허락되지 않은 모든 것들은 예외 없이 진리였기 때문이다.

철학자는 어떤 시적인 수사학이나 보조수단을 필요로 하지 않을 만큼 정직해야 한다. 몽상가는 자신의 진리를 부인하지만, 철학자는 타인의 진리를 부인한다.

쇼펜하우어는 결코 꾸미려 하지 않는다. 왜냐하면 그의 글을 읽어줄 독자는 오직 자신뿐이었으며, 누구도 기만하고 싶지 않았기 때문이다. 그는 '아무도 기만하지 말라. 그대 자신은 더욱 기만하지 말라!'는 규칙을 신봉한 철학자였다.

나는 바그너만큼이나
이 시대의 부산물이 되고 싶다

철학자란 사물을 체험하고 보고 듣고 의심하고, 희망하며 꿈꾸는 인간을 말한다. 본래 철학자는 명령하는 자, 즉 입법자이다. 그들은 늘 이렇게 말한다. "이래야만 한다!" 그들은 인간이 가야 할 '어디로?'와 '왜?'를 규정짓고 싶어 한다.

그들은 창의적인 손으로 미래를 파악한다. 현재 존재하는 것과 과거에 존재했던 것은 모조리 그들의 수단이 되고, 도구가 되고, 망치가 된다. 그들의 '인식'은 창조의 다른 이름이다. 그들의 창조는 곧 입법이다. 그들의 진리를 향해 내뻗는 의지는 힘에 대한 의지와 같다.

나는 철학자라는 직업을 일종의 폭발물로 해석하고 있다. 그의 앞에 드러나면 모든 것이 위험해진다. 이 폭발물은 철학교수를 지칭하는 것이 아니다. 칸트도 폭발물과는 거리가 멀다.

Friedrich

Nietzsche

칸트는 '철학자'가 될 수 없었다. 그는 숙명적으로 안고 태어난 충동에도 불구하고, 말하자면 일종의 번데기 상태에 머물러 있었다. 나의 말이 칸트를 부정한다고 생각하는 사람은 철학자가 도대체 무엇인지 전혀 이해하지 못하는 자다.

철학자는 위대한 사상가일 뿐 아니라 참된 인간이라는 점을 명심해야 한다. 그러나 학자들이 단 한 번이라도 인간으로서 존재한 역사가 있는가. 그들은 사물과 사물 사이에 성립하는 모든 개념 및 의견, 과거를 몽땅 책 속에 집어넣으려고 발버둥 친다. 이런 인간들에게 최초의 사물이 자신을 드러내는 일은 결코 없을 것이다.

철학자는 모럴리스트를 좋아하지 않는다. 그는 미사여구도 좋아하지 않는다.

그렇다면 철학자는 자신에게 무엇을 원하는가? 그는 자신이 시대를 극복한 '초월자'로 남고 싶어 한다. 그렇다면 그는 무엇 때문에 그토록 격렬히 투쟁하는가? 바로 철학자를 시대의 부산물로 만드는 모든 특징에 대항하는 것이다. 나는 바그너만큼이나 이 시대의 부산물이 되고 싶다. 나를 가리켜 스스로 '퇴폐주의자'라고 규정짓고 싶다.

철학자는 자신의 사상에 의해 밖으로 내던져진 후에 위에서, 또는 아래에서 습격당하듯이 얻어맞는다. 그는 스스로

천둥을 잉태하고 있는 폭풍이다. 그를 둘러싸고 세계는 항상 무엇인가 포효하고, 신음하고, 균열하고, 좋지 않은 낌새를 풍긴다. 그것이 그의 숙명처럼 낙인찍힌다. 철학자, 그는 자신으로부터 도주하고, 늘 자신에 대해 두려움을 갖는다. 하지만 그의 격렬한 호기심이 그를 재차 '자기'로 회귀하게 만든다.

에머슨은 말한다. "조심하라. 위대한 신을 통해 한 사람의 사상가가 우리들 행성에 보내지는 날을. 그때 인류는 위험에 빠지게 될 것이다. 마치 대도시에 화재가 일어난 것처럼 혼란이 이어질 것이다. 언제 그 고통이 그치고, 어디에서 그 불길을 사로잡게 될 것인지 아무도 장담할 수 없다. 모든 학문은 하루를 견디지 못할 것이며, 철학을 소유한 명성은 더 이상 통용되지 않는다. 영원은 더 이상 불변일 수 없게 된다. 이 새로운 문명은 인간을 완전히 정복하게 될 것이다."

만약 사상가가 이처럼 위험한 존재라는 주장이 사실이라면 대학의 강단에서 나부끼는 저 사상가들은 결코 위험하지 않다는 사실도 명백해졌다. 왜냐하면 그들의 사상은 사과나무에서 사과가 열리듯 무사태평한 인습을 통해 열매를 맺었기 때문이다. 그들의 사상은 결코 인류를 경악시킬 수 없다.

그들의 활동에 대해 디오게네스가 대신 정의를 내려줄

Nietzsche

Friedrich

것이다. "그대들에게 어떤 위대한 점이 있다는 것인가. 그렇게 오랫동안 철학을 했으면서도 아직 사람들에게 암담한 생각을 심어준 적이 없지 않은가."

강단 철학의 묘비명에는 이렇게 써야 한다. "그대는 누구에게도 두려움을 주지 않았도다."

가장 무거운 머리와
괴로운 심장을 지닌 동물

인간이 다른 어느 동물보다 병약하며 불안정하고, 변화하기 쉽고, 불확정적이라는 것은 의심할 여지가 없다. 인간은 한마디로 고뇌하는 동물이다.

인간만이 고뇌한다. 고뇌로부터 도피하기 위해 그는 웃음을 발명해야 했다. 그때부터 가장 불행하고, 가장 우울한 이 동물에게 가장 쾌활한 동물이라는 낙인이 찍혀버렸다.

인간이 다른 동물보다 빠르게 반응하고, 운명에 반항하고, 미래에 도전하는 습성을 타고났다는 것은 확실하다. 위대한 자기실험의 희생양이 된 인간, 최후의 지배를 찾아 동물·자연·신들과 전투를 벌이는 인간, 그 어느 것으로도 만족을 느낄 수 없는 인간, 지칠 줄 모르는 욕망을 소유한 인간, 영원한 미래를 꿈꾸는 인간, 자신의 투지 때문에 안식을 찾지 못하고, 그로 인해 현재의 육체를 파멸로 이끄는 인간.

이 용감하고 풍요로운 동물은 자신의 용기와 풍요로움 때문에 지상의 동물 중 가장 무거운 머리와 괴로운 심장을 갖고 태어난 것이 아닌가.

인간은 다른 동물에게선 찾을 수 없는 한 가지 특징이 있다. 그것은 다름 아닌 실존의 확인이다. 인간이 공상적인 존재가 된 것도 바로 이 실존에 대한 의구심 때문이었다. 인간은 수시로 자신이 왜 존재해야 하는지 확인하고 싶어 한다.

인간은 상대적으로 관찰했을 때 가장 어긋난 짐승이며, 가장 병적인 짐승이며, 본능으로부터 가장 멀리 이탈한 짐승이다. 그래서 가장 흥미 있는 짐승이기도 하다!

오직 고뇌만이
인간을 성장시킨다

그대들은 될 수 있다면 고뇌를 없애버리고 싶어 한다. 그런데 우리는 오히려 고뇌를 기다리고 있다. 나는 고뇌가 지금까지 우리를 괴롭혔던 것 이상으로 더욱 절박해지기를 간절히 원한다! 그대들이 고대하는 안락은 우리의 목표가 아니다. 그것은 오히려 하나의 종말일 뿐이다. 안락은 인간을 비웃음거리와 경멸의 대상으로 전락시킨다.

고난이 우리를 얼마나 굳세게 만들 수 있는지 그대들은 정녕 모르는 것인가! 오직 이 단련만이 인간을 향상시킬 수 있다는 사실을 모르는 것인가. 영원한 생명을 위해 굳센 의지를 기다리는 영혼의 긴장, 위대한 파멸을 목격할 때의 전율, 불행을 이겨내고 불행의 의미를 외치고 마침내 행복을 체감하는 우리의 용기, 영혼이 간직하고 있는 비밀·가면·정신·교활·위대함, 이 모든 것이 오직 고난을 통해 영혼에게 발견될 수 있다는 사실을 모른다는 것인가.

당신이 극도로 절망했으면 좋겠다

나와 조금이라도 관계가 있는 사람들에게 나는 고뇌, 고독, 질병, 불운, 굴욕이 미치기를 바란다. 나는 그들이 자기경멸과 스스로에 대한 불신, 피정복자의 비참함에 분노하기를 바란다. 나는 그들을 결코 동정하지 않는다.

나는 당신이 단 한 번이라도 좋으니 극도로 절망했으면 좋겠다. 고통이야말로 정신의 마지막 해방이다. 이 고통만이 우리를 마지막 승리로 이끌 수 있다.

이제 위로는 더 이상 쓸데가 없어졌다. 인간의 동경은 그들이 구축한 세계를 파괴하고, 신들을 뛰어넘어 죽음을 향해 내달린다. 인간의 삶과 인간이 만들어낸 삶의 신들, 혹은 저 불멸의 언덕에 도달했던 생의 환희도 여기서 그만 멈춰버린다.

Friedrich

Nietzsche

한번 맛본 진리가 인간의 뇌리 속에서 끊임없이 진동을 일으킨다. 이제 인간은 도처에서 삶의 공포, 삶의 부조리와 마주친다. 이제 그는 지혜의 정체를 알게 되었다. 그리고 쉴 새없이 구역질을 해대는 것이다.

죽음을 피하려면 생명만큼 값진 것을 바쳐야 한다. 이 목적을 위해 생명이 지속되는 한 몇 번이고 죽어야 한다. 지나간 시간을 오늘의 삶을 위해 부활시키고, 일어난 사건을 기초로 역사를 만드는 힘에 의해 인간은 비로소 인간이 된다.

보라, 우리는 그대가 가르치려는 것을 알고 있다. 사물이 영원히 반복되며, 우리 자신도 만물과 더불어 영원히 반복됨을 잘 알고 있다. 또한 우리가 이미 여러 번 존재했으며, 만물도 우리와 함께 이미 여러 번 존재했다는 사실을 잘 알고 있다.

모든 시대는 힘에 의해
어떤 덕목을 허용하거나 금지한다

'현대'에 관한 나의 개념을 피력하겠다. 모든 시대는 자신이 가진 힘에 의해 어떤 덕목이 허용되고, 어떤 덕목이 금지되는가를 분별한다. 만약 그 시대가 성공적인 삶을 갈망하는 시기라면, 사회의 구성원들은 삶의 가장 기초적인 덕목들에 저항하게 될 것이다. 마찬가지로 그 시대가 삶의 가장 기본적인 행사를 갈망하는 시기라면, 사회의 구성원들은 과잉 생산된 기쁨과 지나친 퇴폐를 증오하게 될 것이다.

Nietzsche

Friedrich

동물이 학살을 피해 가축이 되는 원리와
도덕의 상관관계

동물에 대한 우리의 태도를 통해 도덕의 성립 과정을 깨닫는다. 그 동물이 유용하다든지, 혹은 유해하다는 결론이 내려지기 전까지 우리는 완벽한 무관심을 보여준다. 이를테면 기분에 따라 곤충을 죽일 때도 있고, 살려둘 때도 있고, 다리만 떼어낼 때도 있고, 더듬이를 잘라 풀밭에 다시 내려놓는 관용을 베풀 때도 있다. 주위에 벌레가 득실거리면 우리는 아무 생각 없이 닥치는 대로 살상을 즐긴다.

만약 그 벌레가 감히 우리에게 대항해 오면 어떻게 해서든 그 종種을 멸종시키려고 갖은 방법을 찾아낸다. 반대로 어떤 동물이 우리에게 필요한 무언가를 제공한다면 우리는 그들을 '착취'하기 시작한다. 더 많이 착취하기 위해 끊임없이 연구하고, 생태를 분석한다. 물론 이것은 동물을 위해서가 아니라 좀 더 간편하게 원하는 것을 빼앗기 위한 노력이다. 그때야 비로소 우리는 그 동물을 가축으로 인정한다. 그리고 가축에 대한 책임감이 생긴다. 물론 이것은 동물에 대한 책임감이 아니라 '재산'에 대한 책임감이다.

동물이 학살을 피해 가축이 되는 원리는 인간이 사회에 도덕을 들여온 과정과 완전히 일치하고 있다.

악취를 풍기는 것에 지혜가 있다

이 세상에는 수많은 오물이 존재한다. 여기까지는 진실이다. 그러나 이 세계를 거대한 오물로 지칭할 수는 없다.

악취를 풍기는 것마다 지혜가 숨겨져 있다. 구토가 날개를 만들고, 샘물을 발견한다.

아무리 훌륭한 책이라도 읽다 보면 어떤 구역질이 끓어오르게 하는 지혜가 숨겨져 있다.

오, 나의 형제여. 세상이 오물로 뒤덮였다는 말은 세상이 지혜로 가득 차 있다는 말과 같은 뜻이니라.

인간을 발전시키고 싶다면
가장 위험한 환경에 방목시켜라

미국과 유럽의 몇몇 정부들이 끊임없이 주절거리는 저 노랫소리에는 다음과 같은 두 가지 교리가 담겨 있다. 그것은 바로 '권리의 평등'과 '모든 괴로운 자들을 위한 동정'이다. 그들은 인간의 고뇌를 국가가 근절시킬 수 있다고 생각한다. 그들은 인간에게 무한한 권리를 나눠주고, 욕망을 해결해 주기만 하면 저절로 진보하게 될 것처럼 떠든다.

그러나 내가 지금까지 인간이라는 식물을 관찰한 바에 따르면, 인간의 진보는 항상 권리가 부족하고, 욕망이 해결되지 않는 상황에서 이루어졌다. 따라서 인간을 발전시키고 싶다면 그를 가장 위험한 환경에 방목시키면 된다.

인간의 창의력이 자기기만을 발견하는 데 얼마나 오랜 시간이 걸렸는지 그들은 아마 모를 것이다. 인간성에 대한

Friedrich *Nietzsche*

가장 잔인한 압제 속에 인간은 이 정묘한 정신을 발견해낼 수 있었다.

인간의 생명 의지가 권력에 대한 의지로 진화하기 위해 얼마나 잔인한 법률들이 필요했는지 그들은 아마 모를 것이다.

그들은 냉혹과 폭력, 노예화, 노상에서의 강탈, 은둔, 스토이시즘, 온갖 유혹과 악마주의, 가공할 압제와 살인, 방화, 맹수와 뱀의 위협을 통해 인간이란 종자가 얼마나 발전해 왔는지 알지 못하고 있다.

내 삶이 기억하는 축복은
모두 우연으로 시작되었다

처음 보는 것이 아니라 오래된 것, 예전부터 잘 알려진 것, 누군가의 눈에 띄기는 했지만 간과되었던 것을 새로운 것으로 받아들이는 행위는 진실로 독창적인 두뇌를 소유하고 있다는 증거이다. 최초의 발견자는 항상 멍청한 저 공상가, 다시 말해 우연이라는 녀석이었다!

내 삶이 기억하는 축복은 모두 우연으로 시작되었다. 스탕달이 그렇고, 쇼펜하우어와 바그너가 그렇다. 나는 단 한 번도 소개를 받거나, 추천을 통해 우연과 마주친 적은 없었다.

나는 모든 우연을 냄비에 담고 삶는다. 그리고 충분히 삶아지면 나의 먹이로 삼켜버린다. 나의 뱃속에서 우연은 필연이 된다.

Friedrich

Nietzsche

제물을 바치는 습관

생명의 시대에 인간은 그의 신을 섬기고자 인간을 제물로 바쳤다. 그것도 가장 사랑하는 사람을 바쳤다. 그래서 원시시대의 모든 종교는 장자長子를 제물로 바쳤다. 다음 세대에 인간은 생명보다 도덕에 더 많은 가치를 부여했다. 그래서 인간은 그의 신에게 자신이 가지고 있는 것 중 가장 강한 본능, 즉 그의 '자연'을 제물로 바쳤다.

금욕주의자들과 반자연주의자들은 이 의식을 모든 백성들에게 전파시켰다. 마침내 인간은 생명과 자연이 떨어지자 조화, 행복, 정의, 위안, 성스러운 것, 어리석음, 희망, 신앙을 바치기 시작했다. 이것들도 떨어지자 그들은 신을 위해 신을 희생시키기로 마음먹었다. 날이 밝아 정신을 차렸을 때 제단 위에 쓰러진 신을 발견했다. 그들은 경악했으나, 이미 제물을 바치는 습관이 모든 공포와 충격을 압도했다.

그들은 습관적으로 제물을 바치기 시작했다. 더 이상 신이 요구하지도 바라지도 않았지만, 아니 신 스스로가 자신의 제단 위에 쓰러졌지만, 그들은 본능적으로 제물을 바쳤다. 그들은 잔인한 마음과 바위와 우매함과 중압감과 운명과 허무를 그들의 제단에 바쳤다.

신은 죽었다,
우리가 신을 죽였다

    그대들은 저 미치광이에 관한 이야기를 듣지 못했는가. 그는 대낮에 등불을 들고 거리를 헤매며 끊임없이 외쳤다. "나는 신을 찾노라! 나는 신을 찾노라!"

    마침 그날따라 시장에는 무신론자들이 많았다. 그들은 이 미치광이를 재미있는 노리개쯤으로 여기며 그를 조롱했다. "신이 집을 나갔나?" 어떤 장사꾼이 농담 삼아 떠들었다. 그러자 누군가 "신이 우리 집 막내 놈처럼 길을 잃어버렸다는 건가?"라고 소리쳤다. 또 다른 누군가는 "아직도 숨바꼭질을 좋아하나 보지? 어쩌면 우리가 무서웠는지도 몰라! 신은 배를 타고 떠났는가, 아니면 그냥 걸어갔는가?"라고 외치며 미치광이를 둘러쌌다.

    미치광이는 조용히 그들을 바라보다 큰소리로 외쳤다.

"신이 어디로 갔냐고? 내가 알려주지! 우리가 신을 죽인 것이다!"

3부

Friedrich Nietzsche

자신의 나약함을 긍정하는 것은
정의를 추종하는 것보다 고귀하다.

『차라투스트라는 이렇게 말했다』

죽음이 인생보다 진짜에 가깝다면

인간은 지속적으로 기만당하기를 원하며, 기만당하는 경험을 통해서만 살아 있다는 체감을 얻어낸다. 기만, 속임수, 이 모든 거짓의 소산들, 즉 가공된 환상이야말로 인간의 조건이자 인생의 조건처럼 대접받고 있다. 인생은 인생을 속여야 하고, 또한 인생은 인생으로부터 속아 넘어간다. 그것이 인생의 조건이다. '깨달음'이라는 단어를 인간이 사용하고 있다는 현실. '깨달음'이라는 단어를 사용할 능력과 권리가 자신들에게 있다는 믿음. 이러한 믿음과 이러한 현실이야말로 인생을 농락하는 기만이며 환상이다.

나는 기만당하고 싶지 않다. 다른 선택의 여지가 없다. 나는 기만하고 싶지 않다. 기만하는 자가 나 자신이더라도 용서할 수 없다. 쓸모없을 수도 있고 심지어 치명적인 위험이 될 수 있음에도 불구하고, 어떠한 희생을 치르고서라도 진리를 추구하겠다는 다짐, 오직 진리만을 최고의 가치로 삼겠다는 결심, 자기 자신을 해치거나 망가뜨릴 수 있고, 그만큼 치명적인 손상이 가해지더라도 나는 인생을, 인간을 절대로 기만하지 않겠다. 이것은 진리가 드러내는 의지이자 신념이며, 인간다움을 증명해주는 유일한 확신이다. 그러한 의지 속에서 마침내 태어나는 깨달음이 인간을 인간답게 만들어준다. 인간이 인간답게 지속되는 것이 인생이며, 그것은 도덕 그 자체가 된다.

기만당하지 않겠다는 의지, 자신의 인생을 속이지 않겠다는 의지, 진리를 향한 의지, 결말을 두려워하지 않는 도덕적인 의지. 그리고 어떤 일이 있어도 진실과 동행하겠다는 의지를 발생시키는 전제에 대한 확신. 확신에 찬 당당함이 만들어내는 새로운 인생을 향한 의지를 거부할 권한이 인간에겐 없다. 거부해서는 안 될 인생의 조건이기 때문이다.

오염된 현실을 거부하려는 이 아름다운 의지는 진실로 둔갑되어, 인생을 기만하는 거짓 조건들이 보기엔 삶을 거부하려는 비겁한 의지처럼 보인다. 진실을 되찾으려는 숭고한 의지가 인생에 반대하고 인간에게 반대하는 적대심으로, 그리하여 삶을 파괴하는 죽음을 위한 의지로 해석되고 있다.

Nietzsche

Friedrich

그렇다면 좋다. 차라리 죽음을 향해 나아가겠다. 죽음이 인생보다 진짜에 가깝다면, 죽음이야말로 살아가겠다는 의지가 아닌가?

묻고, 또 답하는 자는 동일하다. 나는 스핑크스이며, 오이디푸스, 그리고 나 자신으로서 대답한다.

그렇다!

가장 중요한 두 가지 질문

아득하고 낯선 천상에서 행복과 은총과 은혜가 내려오기를 기대하지 말라. 매일매일이 다시 태어난 감정으로, 영원히 그렇게 날마다 새로 태어난다는 확신으로 살아갈 것! 우리의 사명은 매 순간 우리 가까이 다가온다.

나의 행동에 대해 내가 마음대로 할 수 있는 것은 무엇인가?

처음 그때로 돌아가서도 지금 이 일을 선택할 것인가?

이 두 가지 질문에 대한 대답이 가장 중요하다.

아주 조그만 상처에서
피가 흐르는 것처럼

아주 조그만 상처에서 피가 흐르는 것처럼 작은 고통을 치유하지 못하고 죽어버리는 사람이 있는가 하면, 무시무시한 삶의 재난이나, 자신의 악덕이 빚은 행위에 일말의 가책도 느끼지 않은 덕분에 늘 건강한 육체와 평온한 정신을 소유하게 된 사람도 있다.

너를 제외하곤 그 누구도
건널 수 없는 오직 하나의 길

군중 속에 매몰되고 싶지 않은 인간은 자신의 안이한 행동을 중단하면 된다. "너 자신이 되어라! 네가 지금 행하고, 생각하고, 욕구하고, 있는 일체의 것은 네가 아니다."라는 양심의 부르짖음에 귀를 기울이면 된다.

청춘의 영혼은 날마다 이 같은 부르짖음에 시달리고 있다. 왜냐하면 그들이 영혼의 참된 해방을 떠올릴 때마다 손에 잡히지 않는 행복에 도취되기 때문이다. 더구나 그들이 현실이라는 공포의 사슬에 묶여 있는 한 이 행복은 결코 찾아오지 않을 것 같기 때문이다. 만약 인생에서 이런 해방을 맛볼 수 없다면 삶이란 얼마나 무의미한 것일까!

사방을 곁눈질하는 인간처럼 보기 흉한 생물은 자연계에 없다. 이렇게 겁에 질린 인간은 마침내 의지할 곳마저 모두

잃고 만다. 그는 핵이 사라진 잎사귀이며, 좀이 슬고 한물간 의상일 뿐이다. 공포는커녕 동정할 마음조차 생기지 않는 유령에 지나지 않는다.

네가 삶의 흐름을 건너고자 만든 저 다리는 너를 제외하곤 누구도 건널 수 없다. 물론 이 세상에는 너를 짊어지고 강을 건너겠다는 무수한 지름길과 다리가 있다. 하지만 그것들은 자신을 위해 결국 너를 희생시키고야 말 것이다. 너는 그들의 인질이 되어 조금씩 사라져갈 것이다. 세상에는 너를 제외하곤 그 누구도 건널 수 없는 오직 하나의 길이 있다. 대신 어디로 가는 것이냐고 묻지 말라. 오직 그 길을 가라. "내가 밟는 이 길이 어디를 향하는지 모를 때처럼 기쁜 일은 없다."고 말한 자는 과연 누구였는가(괴테).

어떻게 하면 우리는 스스로와 대면케 되는 것일까. 어떻게 나 자신을 알 수 있는 것일까.

다음과 같은 방법이 있다. 젊은 영혼 요한은 "지금까지 네가 진정으로 사랑한 것은 무엇이었는가. 너의 영혼을 사로잡은 것은 무엇이었는가. 너의 영혼을 점령하고, 행복하게 만들어준 것은 무엇이었는가."라는 물음을 떠올리며 과거를 회상했다.

네가 존경을 바친 대상과 너의 모습을 나란히 놓고 비교해 보자. 아마도 그 차이가 너에게 하나의 법칙을 일러줄 것이다. 그 법칙을 따라가면 너는 본래적 가치의 의미를 깨닫게 될 것이다.

지금 당장 비교해 보자. 네게 부족한 점을 보충하고, 먼 미래에 확신을 갖게 하고, 지금의 너를 능가하고, 잘못된 그림자가 정화되는 과정을 지켜보도록 하자. 그 모든 과정들이 네가 밟아야 할 계단으로 성장하는 모습을 관찰하도록 하자.

너의 참된 본질은 너의 내면에 숨겨져 있는 것이 아니라 이미 너를 초월해 버린 수많은 사건과 시간 위에, 또는 만나지 못한 '자아'로 너를 기다리고 있다.

너의 참된 교육자·형성자는 네가 가진 본질의 참된 의미와 소재를 너에게 가르쳐줄 것이다. 즉 교육자는 해방자의 다른 이름이다.

해방이야말로 교육의 참된 목표다. 어린 나무의 연약한 싹을 침범하려는 갖가지 잡초와 해충을 뜯어내고 빛과 온기를 채워주고, 애정으로 비를 맞게 해주는 것이 바로 교육이다.

Friedrich

Nietzsche

터무니없는 일을 당해도
마치 축제에 참가한 것처럼 즐길 것

섬세한 감각과 섬세한 취미를 가질 것. 강력하고 대담하며, 자유분방한 마음을 유지할 것. 침착한 눈동자와 확고한 발걸음으로 인생을 밟을 것. 터무니없는 일을 당해도 마치 축제에 참가한 것처럼 즐길 것. 미지의 세계와 해양과, 인간과 신들을 기대하며 인생을 지켜볼 것. 마치 그 미지의 세계를 지키는 병사와 선원들이 잠시 동안의 휴식과 즐거움으로 피로를 잊는 것처럼, 혹은 이 찰나의 쾌락 속에 인간의 눈물과 진홍색 우수를 잊는 것처럼 밝은 음악에 귀를 기울일 것. 이 모든 것의 소유주가 바로 자신이기를 바라지 않는 자가 있을까.

연민은 앞에서는 위로하고
돌아서서 승리를 만끽한다

연민이란 무엇인가? 그것은 무無에 근접한 망가진 삶에
대한 쓸데없는 관심이다. 연민의 본질은 삶에 대한 사랑이
다. 하지만 그 성격은 약하고 병든 것들에만 사랑을 느낀다.
연민은 광기다. 자기보다 가난한 자들, 고통받는 자들, 무능
한 자들, 하찮은 자들을 앞에서는 위로하고, 돌아서서는 승리
를 만끽한다. 그래서 연민이 흘리는 눈물은 기쁨의 눈물이다.

Nietzsche

Friedrich

동정심은 인생을 위협하는
가장 큰 적이다

　동정심은 인생을 위협하는 가장 큰 적이다. 동정심은 단순히 감정으로 그치지 않고 실천될 수 있다는 점에서 심각한 위험이기도 하다.

　인간은 순간의 감정이 아닌 영원한 이상을 실천하게끔 훈련되어 있어야 한다. 자신의 이상에 대한 신념을 바탕으로 주변 사람들, 나아가 세상을 변화시켜야만 하는 것이다. 자신의 이상에 확신이 섰다면 주변인들에게 이를 강요하는 데 망설임이나 부끄러움이 있어서는 안 된다. 이상을 거부하는 자들을 때론 강하게 제압하는 일도 주저 없이 저질러야 한다. 이상은 창조이기 때문이다.

　창조는 영원한 진보다. 동정심은 이 창조의 순환을 망가뜨린다. 동정심이 개입해 버리면 이상을 거부하는 자들을,

나아가 방해하는 자들까지 용서하고 이해하고, 그렇게 훼방꾼이 되도록 그냥 내버려 두는 범죄로 이어진다. 이상에 반하는 인간은 우리의 적이다. 이상적인 삶을 실천하지 못하는, 실천하기를 거부하는 모든 인간이 인류의 적이다. 당신은 내가 너무 잔인하다고 말할 수도 있을 것이다. 하지만 이런 결론에 도달하기까지 나는 내 인생 전부를 희생시켜야만 했다.

그가 다시 걷게 되면
그의 죄악도 함께 걷게 될 테니까

꼽추의 등에서 혹을 떼어내는 것은 그의 정신을 제거하는 짓이다. 또 누군가 소경이 앞을 볼 수 있도록 시력을 되찾아주면, 그는 세상의 수많은 죄악을 목격하곤 그를 고쳐준 은인을 원망하게 될 것이다. 앉은뱅이를 일으키는 것도 죄다. 왜냐하면 그가 다시 걷게 되면 그의 죄악도 함께 걷게 될 테니까.

위대함이란 방향을 제시하는 것

위대함이란 방향을 제시하는 것이다. 아무리 큰 대학일
지라도 그 자체만으로 풍성할 수는 없다. 많은 개천들을 받
아들이고, 함께 바다로 나아가는 것이 이 강을 보존하는 방
법이다. 정신의 위대함도 이와 같다. 당연히 받아들여야 할
문제들에 이끌리는 것이 중요할 뿐, 재능이 빈약하다든지,
정신이 부족하다는 변명은 아무런 문제가 될 수 없다.

자신의 인식을 타인에게 전달하고 싶은 인간은 그것을
처음 발견했을 때보다 더욱 그 인식을 사랑해야만 한다.

Friedrich Nietzsche

생명을 뛰어넘는 사명은
존재하지 않는다

　태양계에서 쏟아진 수많은 별들 중에 아주 작은 별 하나가 우주 저편을 떠돌고 있었다. 그 별에 사는 어떤 영리한 동물들이 '인식'이라는 것을 발명해 냈다. 그 동물들은 인식을 통해 존재하는 자신을 발명해 냈고, 자신이 사는 별보다, 그런 별들이 모인 태양계보다, 그런 태양계들이 모인 우주보다 자기 자신을 더 크게 인식하는 기만적인 순간을 발명해 냈다. 그 순간은 말 그대로 순간이었다. 태양이 몇 번 숨을 쉬었다 뱉었을 때, 그 별은 불이 꺼졌고, 영리한 동물들은 멸종했다.

　이것은 우화다. 그 동물은 바로 인간이다. 인간의 지식이라는 것, 인식하는 자아라는 것은 불완전하고 어둡고 단순하고 허망하고 자의적이다. 인간이 존재하지 않았던 영겁의 시간이 먼저 있었고, 인간은 그 시간을 인식하지 못한다. 마찬가지로 인간이라는 존재가 사라진다 하더라도 인간은 인식할 수 없을 것이다.

그렇다면 인간이 인식하는 지성이란 결국 인간의 생명을 넘어서는 그 어떤 것도 인지하지 못한다는 논리의 성립이고, 바꿔 말해 인간의 생명을 뛰어넘는 사명이 우리에겐 존재하지 않는다는 설명이 될 것이다.

인간의 네 가지 착각

인간은 교육을 통해 착각을 배웠다. 가장 먼저 인간은 자신이 불완전한 존재라는 교육을 받았고, 지금도 그렇게 착각한다. 둘째, 인간은 상상을 통해 발전할 수 있다고 교육받았고, 현재까지 공상에 머물러 있다. 셋째, 인간은 자신이 동물이 아니라고 교육받았고, 그 결과 동물이 되려고 노력 중이다. 넷째, 인간은 '가치'라는 개념에 대해 교육받았고, 스스로 가치 있는 존재라고 착각한다.

인간을 움직이는 세 가지 원동력

인간을 움직일 수 있는 유일한 원동력은 굶주림과 성욕과 허영이다. 만약 당신이 인식을 사랑한다면, 인간이 저능하다는 내 말에 동감한다면, 모든 문명의 끝이 항상 사악했다는 당신의 경험을 인정한다면, 내 말에 귀를 기울여야 한다. 언젠가 인간은 굶주림과 성욕과 허영에 지쳐 자신의 이빨로 자기 자신을 물어뜯고, 삼키고, 애무하고, 내뱉어 버릴 것이다.

나의 고찰은 반시대적이다

나의 고찰은 반시대적이다. 왜냐하면 나는 이 시대가 당당하게 내세우는 것, 즉 자신들이 처음으로 확립했다는 이 역사적인 교양을 시대의 병폐, 질병, 결함으로 인식하기 때문이다. 우리는 역사라는 소모적인 열병에 걸려 있으며, 적어도 우리 자신만은 우리가 병에 걸렸다는 사실을 깨달아야 한다고 믿기 때문이다.

우리가 갑자기 어떤 사항에 질문을 받는 경우, 가장 먼저 떠오르는 생각은 우리 자신의 의견이 아니라 우리의 계급, 지위, 태생에 따라다니는 상투어에 지나지 않는다. 자신의 의견은 결코 표면에 떠오르지 않는다.

우리의 선조들이 이룩한 사상적 자본은 계속 탕진되고 있다. 우리는 사상을 증대시키기는커녕 낭비의 방법들만 발전시키고 있다.

다음 세대는 자연주의적 미숙함과 경멸이라는 두 가지 단어로 우리를 해석할 것이며, 우리의 천박함에 혐오감을 느끼게 될 것이다.

인간은 이제
스스로 존재할 수 있다고 믿는다

어째서 오늘날 무신론이 존재하는가? '아버지로서의 신'은 더 이상 존재할 수 없다. 인간은 이제 스스로 존재할 수 있다고 믿는다. 심판자나 보상자로서의 존재 또한 마찬가지다. 신이 허락한 자유의지는 그가 던져주기도 전에 인간이 낚아채 버렸다. 더구나 신은 자신의 의지를 인간에게 보여줄 기회마저 빼앗겼다. 인간의 말이 너무 많아진 것이다.

거인이 된 인간은 스스로 자신의 문화를 쟁취하며, 신들에게 인간과 결속하도록 강요한다. 인간은 스스로 발견한 지식으로 신들의 목숨을 저울질한다.

집을 짓기 전에 알아뒀어야 할 일을
항상 집을 다 지은 후에 깨닫는다

집을 짓기 전에 알아뒀어야 할 일을 항상 집을 다 지은 후에 깨닫는다. 우리는 높은 산에 둥지를 마련했다. 위험을 알면서도 결핍을 고수할 수밖에 없다. 기쁨은 늘 짧은 태양과 함께 사라지고, 흰 눈이 쌓인 산들을 피해 우리에게 다가오는 햇빛은 하나같이 창백하기만 하다.

가끔은 이곳에도 음악이 흐른다. 옛 가락을 기억하는 한 노인이 오르간을 연주하면 아이들은 제멋대로 춤을 추며 원을 그린다. 이 모습을 본 나그네의 마음이 착잡해진다. 너무나 황량하고, 너무나 닫혀 있고, 너무나 퇴색했고, 아무리 찾아봐도 희망이 없다. 어느새 저녁 안개가 밀려오면 나그네는 너무 오래 머물렀다는 사실을 자책한다. 나그네의 발걸음이 삐걱거린다. 눈에 보이는 것은 황막하고 잔인한 산등성이뿐이다.

Friedrich Nietzsche

철학과 예술의 전제는 고통이다

나는 흄, 칸트, 헤겔의 철학에서 인간이 보여줄 수 있는 가장 고귀한 사고, 다시 말해 삶에 대한 어떤 확신을 발견했다. 그리고 이런 증상은 19세기를 휩쓴 철학적 염세주의에서 기인되었을 것이라고 생각했다. 내가 왜 이런 결론에 도달했는지 알고 싶은가?

나는 저들의 비극적 인식을 문화가 도달할 수 있는 가장 화려한 사치로 간주했다. 그리고 저들의 비극적 인식을 가장 값비싸고 고상하며 위험한 낭비로 간주했다. 마지막으로 저들의 비극적 인식을 인류가 받아들일 수 있는 최소한의 성과라고 간주했다.

오늘날 문화라는 오명으로 불리는 모든 것들이 나의 이같은 인식 때문에 고통받게 되더라도 상관없다. 사람들은 내가 무엇을 부인하는지 똑바로 알아야 한다. 내가 바그너와 쇼펜하우어에게 제시하는 것이 무엇인지 확인해야만 하는 것이다. 나는 나를 제시한다…….

모든 예술과 모든 철학은 삶이 지속되든, 혹은 여기서 중단되든 단순히 삶을 치료하는 수단에 머물러야 한다. 철학과 예술의 전제가 고통인 이유는 바로 이 때문이다.

세상에는 두 종류의 고통이 있다. 하나는 삶의 과잉에서 비롯되는 고통이다. 또 다른 하나는 삶의 빈곤에서 빚어지는 고통이다. 이 고통들은 예술과 철학으로부터 안정과 침묵, 잔잔한 파도 소리를 원할 뿐 아니라, 때로는 도취와 경련, 마비를 원하기도 한다. 그들은 이것으로 자신의 삶에 복수할 수 있다고 확신하는 것이다.

자유로운 인간은
하나의 국가처럼 작동한다

정치, 사회, 교육은 항상 지배되기를 원한다. 그래서 국가는 항상 지배자만을 양성했다. 그런데 우리 시대를 다스리는 이 위대한 지배자들은 정치, 사회, 교육으로부터 사소한 일상, 즉 삶의 근본 조건을 무시하도록 가르침을 받아왔다. 그렇기 때문에 지배자의 선택은 대부분 삶의 근간을 뒤흔드는 데 이용되었다. 나는 이제 위대한 지배자들의 이름을 나의 방명록에서 제거하고자 한다. 그들은 이 시간 이후부터 찌꺼기이며, 불치병이며, 침전물이다. 그들은 썩어버린 괴물이며, 삶을 극도로 증오하는 말기 암 환자이다.

자유로운 인간은 모든 인류로부터 해방된 하나의 국가, 하나의 사회처럼 작동한다.

계급은 인간을 향상시킨다

인간을 향상시킨 것은 지금까지 귀족사회의 몫이었다. 귀족들은 인간과 인간 사이에 결코 넘어서는 안 될 서열이 있음을 믿었고, 그 믿음의 결과가 노예제도였다. 오랜 역사를 통해 지속된 인간의 계급화가 마침내 혈액으로 침투되어 인간은 태어나면서부터 인성人性에 맞는 신분이 아닌 신분에 맞는 인성이 주어지게 되었다.

하지만 이 계급 덕분에 많은 인간이 자신의 실체를 좀 더 확실하게 깨달을 수 있었다. 그들은 계급을 뛰어넘으려고 시도했다. 그 와중에 인간은 계급에 맞게 할당된 이 부조리한 인간성을 극복해야 할 필요성을 절감했다. 만약 인간이 계급화하지 않았더라면 인간의 역사는 무의미해졌을 확률이 높다. 평등은 인간을 나태하게 만들기 때문이다.

Friedrich

Nietzsche

계급이라는 사회적 신분이 인간을 억압할수록 그들은 계급이 귀속할 수 없는 초월적인 의미들을 만들고자 노력했고, 그 결과 인간은 오늘날과 같이 향상된 존재가 될 수 있었다.

이해하지 못하는 것에 대한 공포

처음 만나는 사람, 혹은 아직 완전히 파악되지 않은 사람과 만났을 때 모두가 잘 아는 진부한 사상에 대해 떠들고, 자신과 약간이라도 친분이 있는 지인이나 여행에 관해 이야기하는 까닭은, 자신이 그다지 대단한 인물이 아니라는 것, 그렇게 경계할 필요가 없다는 것을 보여주고 싶기 때문이다.

대체 왜일까? 인간에게 인습이 필요하고, 인습으로 자신을 은폐하는 이유가. 그것은 이웃에 대한 공포 때문이다. 이웃은 자신의 이웃을 이해하지 못한다.

고통은 항상 원인을 묻지만
쾌감은 원인을 묻지 않는다

우리는 타인에게 쾌감을 주거나, 혹은 고통을 줄 때만이 타인이 나를 '인식'할 수 있다고 생각한다. 우리가 바라는 것은 오직 그것뿐이다! 우선 우리의 힘에 대해 '인식'할 필요가 있다고 생각되는 사람들에게 우리는 고통을 준다. 왜냐하면 누군가를 '인식'하는데 쾌감보다 고통이 더 오래 지속되기 때문이다.

고통은 항상 원인을 묻는다. 인간은 자신이 누군가 겪고 있는 고통의 원인이 되기를 희망한다. 반대로 쾌감은 원인을 묻지 않는다. 따라서 인간은 자신이 누군가의 쾌감이 되었다는 사실에 수치를 느낀다.

출생과 동시에 의식이 주어진다는
황당한 믿음

의식意識은 유기체가 아직 발견하지 못한 마지막 영역이다. 따라서 가장 무력한 부분이다. 의식은 항상 과오를 저지르고, 그 때문에 동물과 인간은 필요 이상으로 빨리 파멸에 이른다. 그렇다고 인류가 의식의 잘못된 판단과 환상, 피상적인 경솔함 때문에 멸망하게 될 것이라는 주장이 진실이라는 뜻은 아니다. 오히려 의식이 존재했기에 인류가 인류로서 존재할 수 있었다.

물론 하나의 기능이 성숙되는 데는 많은 시간이 필요하다. 그것이 형성되기까지 많은 오해와 착오가 있을 수 있다. 우리의 의식은 이로 인해 위협받고 있다. 게다가 사람들은 인간의 의식이 영속적이고, 영원하며, 확고한 크기가 설정된 창고라고 생각한다. 사람들은 의식이 성장할 수 있으며, 또

Friedrich

Nietzsche

한 사멸할 수 있다는 진실을 받아들이려고 하지 않는다.

인간은 출생과 동시에 의식이 주어진다는 그 황당한 믿음 때문에 단 한 번도 의식을 획득하기 위한 노력을 수행하지 않았다.

우리는 너무 빨리 결정하고 있다

　현대는 고민이라는 형식을 증오한다. 현대인들은 인간의 고민을 위선이라고 비난한다. 우리는 너무 빨리 결정하고 있다. 고민이나 사색은 그저 걸어가면서 해치우면 그만이라고 생각한다. 인간은 점차 품위를 상실하고 있다.

　인간이 더 이상 생각할 수 없다면 우리는 단지 기계일 뿐이다. 어쩌면 우리 머릿속에 이미 기계가 자리 잡았는지도 모른다. 그 기계의 성능에 따라 우리의 생각과 품위가 결정되는지도 모른다.

　현대인은 생물학적인 관점에서 '가치'를 판단한다. 그는 두 개의 의자에 한쪽 다리씩 올려놓고, 단번에 '그렇다'와 '아니다'를 반복한다. 우리 시대를 대표하는 인간성은 이 같은 오류이다.

Nietzsche

Friedrich

자학은 인간의 유일한 기쁨이다

지구는 참으로 금욕적인 행성이다. 이곳에는 거만하고 천박한 생물과 인간이 공존하고 있는데, 그들은 자신과 대지와 삶에 대한 불만에서 벗어나지 못한 죄책감에서 벗어나고자 스스로를 학대하고 있다. 이 같은 자학에서 그들은 즐거움을 찾아냈다. 그것이 아마도 인간의 유일한 기쁨인 것 같다.

질투심이 강한 인간의 음흉한 눈초리는 절대적인 아름다움과 영원한 기쁨을 훔쳐보고 있다. 그리고 한쪽에선 불행, 추악, 자발적 희생, 자기 포기, 자기 징벌, 자기희생에 일종의 희열을 느끼며, 그것을 찾아 길을 떠난다. 이 이상한 생물은 생존의 전제인 생리적 활력이 감퇴하면 감퇴할수록 더욱 거만해지고, 더욱 의기양양해진다.

그들은 안질을 앓고 있다. 그래서 모든 사물을 부정확하게 묘사한다. 그들은 아침이 되면 자신들의 썩은 담즙을 한 움큼 뱉어놓고는 신문이라고 부른다.

내 분노가 무덤을 파헤치고

만일 내 분노가 무덤을 파헤치고, 지경석을 옮기고, 이제는 낡아빠져 너덜너덜해진 목록을 절벽의 심연으로 굴린 적이 있었다면, 만일 나의 멸시가 저 썩어버린 언어를 바람에 흩날렸더라면, 만일 내가 십자가에 잔뜩 낀 거미를 쓸어버리는 빗자루처럼, 또는 늙은 납골당을 휘도는 바람처럼 찾아왔더라면, 만일 내가 신들이 묻힌 곳에 앉아 있었다면, 허물어진 염세주의자의 기념비 옆에서 세계를 축복하고 사랑할 수 있었다면, 만일 하늘이 다정한 눈빛으로 그들의 썩은 지붕을 통해 나를 바라봤더라면.

나는 교회와 신들의 무덤까지도 사랑했을 것이다. 나는 잡초와 붉은 양귀비꽃처럼 기꺼이 낡아빠진 교회당에 쭈그리고 앉아 있었을 것이다.

신을 신답게 꾸미는 것

만일 신이 지상을 방문하더라도 그는 죄밖에 보여줄 수 없을 것이다. 신을 신답게 꾸미는 것은 심판의 능력이 아니라 죄이기 때문이다.

공포를 통해 우리는 가축이 되었고, 군중이 되었고, 인간이 되었고, 병든 짐승이 되었고, 기독교도가 되었다. 기독교는 모든 약자, 비천한 생명, 불구자들을 자신의 추종자로 끌어모았다. 그리고 이들은 자기 보존 능력이 뛰어난 자들에게 대항하고자 하나의 이상理想을 만들었다. 그 이상은 정신의 가치를 죄악으로, 내면의 욕구를 유혹으로 가르침으로써 사람들의 이성을 파멸시키는 데 성공했다.

평등한 세상을 원하지 않는다

인간은 자기 자신이라는 개인 외에는 다른 목적이 없다. 인간의 의도와 행위는 지극히 자기중심적이다. 인간은 타인의 자유를 원하지 않는다. 평등한 세상도 원하지 않는다. 오직 세상과 타인에게 자신의 지배력을 행사하고 싶어 할 뿐이다. 인간은 세상을 개인 소유물로 여기며, 그 안에서 살아가는 사람들도 개인적인 소유물로 취급한다. 세상은 나의 삶을 위해 존재하고, 나의 쾌락을 위해 세상이 존재한다고 믿는다.

인간이 그 어떤 관념에도, 인간보다 더 높은 본질에도 복종하지 않는다면, 인간이 인류를 위해 더 이상 봉사하지 않게 된다면, 인간이 오직 자기 자신만을 위해 봉사하는 삶을 살아가게 된다면, 인간은 행위와 존재에서만이 아니라 의식에서도 유일자가 될 것이다. 말 그대로 유일한 자가 될 것이다. 아무것도 남겨두지 않는, 아무런 의미도 없는 유일이 될 것이다.

내가 천민이므로
너 역시 천민이어야 한다

"내가 천민이므로 너 역시 천민이어야 한다."

모든 혁명은 이 한 줄의 구호로 시작되었다. 불평불만처럼 쓸모없는 물건도 없다. 불평불만은 약함에서 생겨난다. 나의 열악한 환경을 타인 탓으로 돌리든, 사회 탓으로 돌리든, 자기 자신 탓으로 돌리든 열악하다는 상황은 변함이 없다. 누구를 원망해도 상황이 달라지지 않는다는 점에서 불평불만은 무가치하다. 그런데도 인간이 불평불만에 집착하는 까닭은 자신의 고통을 누군가의 책임으로 전가시키고 싶어서다. 이 조그만 복수가 상처받은 그의 마음을 조금은 위로해주기 때문이다.

비방은 더러운 복수심이다.

그들은 복수심에 눈이 멀어 타인이 이룩한 결과를, 자기

보다 위에 있는 자들을 흔들어 아래로 떨어뜨린다. 그리고
세상이 평등해졌다고 말한다.

하지만 복수로는 상황을 변화시키지 못한다. 원인은 항
상 자기 자신에게 있기 때문이다.

의사소통은
언어로만 하는 것이 아니다

언어란 개념에 대한 소리의 기호이다. 개념이란 한 사회에서 공통적으로 발견되고 인정되는 감각의 집합을 말한다. 따라서 상호간의 보다 완벽한 의사소통을 원한다면 언어만으로는 부족하다. 언어에 담긴 개념의 공통적인 체험과 이해가 이뤄져야만 한다.

아무것도 파괴하지 않는 폭발

인간의 정신력이 극대화되면 어느 순간 모든 것이 쓸모없게 보일 때가 있다. 이것은 허무주의가 아니다. 이것은 정신의 강함을 보여주는 징후다. 힘의 폭발은 파괴가 아니다. 폭력은 가장 수동적인 허무주의다. 뛰어넘을 수 없기에 파괴하는 것은 가장 저급한 허무주의다. 이와 반대되는 최상의 허무주의는 더 이상 공격할 의사도, 가치도 못 느껴 방관하는 포기 상태다. 가장 유명한 형식을 불교에서 찾을 수 있다. 허무의 끝이 인간에겐 종교가 될 수도 있다는 뜻이다.

종교란 무엇인가? 믿음이다. 믿음은 어떻게 발생하는가? 그것을 '참'으로 간주했기에 발생한다. 허무의 끝에서 인간이 믿음을, 그리고 종교를 발견했다는 것은 허무를 '참'으로 간주했다는 논리를 성립시킨다. 그리고 나는 이 논리를 다음

Nietzscbe

Friedrich

과 같이 파괴한다. 참된 세계란 존재할 수 없으며, 그러므로 믿음을 양산하는 어떤 진실이 완벽한 '참'이라는 논리는 불완전하다. 그것을 '참'으로 인정하는 출처가 객관적 실체가 아닌 인간의 가상적인 마음에서 비롯되었기 때문이다. 그렇다면 최상의 허무주의마저 뛰어넘을 수 있는 힘이란 무엇인가? 인간이 마음으로 만들어낸 가상의 진실과 가상의 거짓을, 그것을 믿고 의지해 결국에는 몰락하는 과정을 겪지 않고도 우리를 둘러싼 이 실체가 없는 진실과 거짓의 가상성을 시인할 수 있는 용기. 그것이 바로 진정한 힘의 모습. 아무것도 파괴하지 않는 폭발이다.

마침내 내가 나를 믿어 의심치 않는
광기를 주소서

　새로운 사상을 위해 길을 열어주는 동시에, 과거에 존경 받던 습관과 미신의 속박을 부수는 것은 광기다.

　아아, 그대 하늘에 있는 자들이여, 광기를 주소서! 마침 내 내가 나를 믿어 의심치 않는 광기를 주소서! 의심이 나를 파먹고 있습니다. 나는 법을 파괴하렵니다. 시체가 살아 있 는 자들을 두렵게 만들듯 법이 나를 두렵게 만듭니다.

　모든 시대의 가장 생산적인 인간들이 겪었던 가장 쓰라 리면서도 황량하기 짝이 없는 엄청난 정신적인 고통을 누가 감히 들여다볼 수 있을 것인가? 나의 비도덕은 가장 극단적 인 도덕이다.

Nietzsche

Friedrich

그대들에게 초인을 가르치고자 한다

나는 그대들에게 초인을 가르치고자 한다. 인간은 초월해야만 하는 존재이다. 인간으로부터 초월하기 위해 그대들은 무엇을 했는가. 예로부터 존재는 자기 이상의 것을 창조할 수 있었다. 그런데 그대들은 무엇을 했는가. 이 거대한 조류의 썰물이 되고 싶은가. 인간을 초월하는 것보다 동물로 퇴화되기를 원하는가.

원숭이와 인간을 비교해 보라. 그대들은 원숭이와 인간을 비교할 수 있는가. 마찬가지로 인간과 초인을 비교할 수는 없다. 그대들은 벌레로부터 시작하여 인간이 되었다. 그대들의 내면은 아직도 대부분 벌레이다. 일찍이 그대들은 모두 원숭이였다. 그리고 아직도 원숭이다. 그대들이 가장 현명하다고 칭송하는 자들도 여전히 식물과 유령 사이를 배회

하고 있다.

내 말을 들어라. 나는 그대들에게 초인을 가르칠 것이다.

초인은 대지의 뜻이다. 그대들의 의지로 초인은 대지의 뜻이라고 말하라. 형제들이여! 간절히 바라건대, 대지에 충실하라. 더 이상 저승을 말하는 자들에게 속지 말라. 그들은 독을 끼얹는 자들이다.

그들은 생명을 멸시하는 자들이며, 죽어가는 자, 스스로 독을 물려받은 자들이다. 대지는 이런 자들에게 권태를 느낀다. 그들은 저승으로 사라지는 게 낫다.

지난날 신에 대한 모독은 가장 무서운 형벌이었다. 그러나 분명히 말하건대, 신은 죽었다. 그의 죽음과 더불어 형벌도 죽었다. 지금은 대지에 대한 모독이 가장 무서운 형벌이다.

4부

Friedrich Nietzsche

나를 죽이지 못한 것들이,

나를 더욱 강하게 만든다.

「우상의 황혼」

기분이 우울하다면
추한 것과 가까이 있다는 뜻이다

슬픔은 어디서 오는가. 자신의 추함을 인식하는 데서 기인한다. 이것은 지극히 생리적인 고찰이다. 자신의 추함을 인식하고 슬픔에 빠진 인간은 무력해진다. 무력해진 인간은 활동하지 않고, 활동하지 않는 인간은 퇴화한다. 인간이 힘과 의지를 상실하는 과정이다. 이런 과정은 마음의 상태를 측정하는 동력계로도 활용 가능하다. 기분이 우울하고 만사가 귀찮아졌다면 마음이 추한 것과 가까이 있다는 뜻이다.

우울함을 벗어던지거나 새로운 용기를 내어보려는 노력은 잘못된 처방전이다. 추한 것들로부터 마음을 떨어뜨려야 한다. 방법은 단순하다. 힘을 쟁취하는 것이 필요하다. 자기 삶을 주도하는 권력을 발휘해 보는 것이다. 인간이 맛볼 수 있는 용기와 긍지에 다가서는 것만으로도 추함이 떨어져 나간다. 추함으로부터 멀어지면 마음은 자연스레 아름다운 것들 곁으로 다가간다. 의식하지 않고도 우리는 결론에 직면한다. 결론의 전제는 우리의 본능이다.

인간은 선천적으로 아름다운 것에 집착한다. 아름답지 못한 모든 것들을 추하다고 느낀다. 슬픔과 우울과 무기력은 자기 자신이 추해졌음을 확인한 결과에 불과하다. 모든 인간에게서 공통적으로 발견되는 아름다움에 대한 감지는 무엇인가? 바로 자기 자신에 대한 감탄. 인간은 스스로를 가장 아름답게 느낀다. 자신의 본능을 가장 아름답게 느낀다는 뜻이다. 인간이 추해지는 단 하나의 과정은 자신의 본능을 두려워할 때뿐이다. 자신의 본능에서 멀어지는 것이 추함이며, 추해지면 인간은 퇴화한다. 즉, 자기다워지지 못하는 것이 퇴화이다.

낡아빠진 잉크 대신,
펜 끝에 그대의 피를 적셔라

나는 셰익스피어처럼 가슴 아픈 책을 아직 읽어보지 못했다. 인간이 이토록 많은 유머를 얻으려면 얼마나 오랫동안 괴로웠어야 되는 것일까!

이제 비극은 죽었다. 시詩도 비극과 함께 사라졌다. 서둘러라, 이 문드러진 앙상한 아류亞流들아. 어서 저승으로 달려가라. 그곳에 가면 옛 거장들이 남겨놓은 빵 부스러기를 배불리 먹게 될지도 모른다.

위대한 양식은 아름다움이 괴물로 변해 승리를 거둘 때 발생한다. 나는 오직 피로 쓴 것만을 사랑한다. 낡아빠진 잉크 대신 펜 끝에 그대의 피를 적셔라. 사람들은 그제야 이 피가 그대의 정신임을 알게 되리라.

소득의 정도보다
일의 즐거움을 먼저 따지는 종족

소득을 위해 일한다. 이것은 모든 문명국들의 구성원이 선택하는 당연한 논리다. 그들에게 일은 하나의 수단일 뿐, 결코 목적은 아니다. 따라서 일을 통한 소득의 정도가 일을 선택하는 첫 번째 조건이 된다.

그런데 소득의 정도보다 일의 즐거움을 더 먼저 따지는 희한한 인간이 있다. 그들은 지나치게 일을 가리고, 쉽게 만족할 줄 모르는 종족이다. 그들에겐 일이 목적이고, 일의 만족이 소득의 정도가 된다. 만약 아무리 소득이 많더라도 일 자체가 마음에 들지 않으면 그들은 움직이려고 하지 않는다. 예술가와 철학자가 이 종족에 속해 있다.

또 이런 종족도 있다. 사냥이나 여행, 혹은 사랑에 일생을 바치는 자들이다. 이들은 일의 결과가 아니라 과정을 즐긴다. 특히 과정이 괴로울수록 더욱 열광한다. 만약 이런 요건을 충족시키지 못한다면 그들은 쉽사리 일하려고 하지 않는다. 그들이 두려워하는 것은 가난이나 권태가 아니다. 맹목적으로 반복되는 일이다.

투쟁의 결말은 항상 아름답다

투쟁은 영혼의 양식이다. 영원한 양식이다. 영혼은 투쟁이라는 양식에서 달콤함을 추출하는 법을 잘 알고 있다. 영혼은 파괴하는 동시에 새로움을 생산한다. 영혼은 성난 싸움꾼이다. 투쟁의 결말은 항상 아름답다. 적들을 동맹자로 포섭한다. 자연스럽게 서로를 이해해주는 동지가 된다.

이런 일이 가능한 까닭은 영혼이 외적인 형태에 구애받지 않기 때문이다. 외적인 이름, 성격, 환경, 세련된 어투, 화려한 모양은 지극히 부차적인 것들이다. 영혼은 내면에서 가치를 찾아낸다.

나는 지금 내가 사랑하는 것들을 떠올리는 중이다. 이름을 지우고 외모를 지운다. 그렇게 지워갈수록 보지 못했던 그들의 본성이 아름다워지는 것은 아니다. 더욱 깊어지는 것도 아니다. 그러나 부정할 수 없는 변화도 있다. 그들이 변함없음에도 그들을 바라보는 나의 영혼이 변했다는 사실.

내 영혼은 세상과 투쟁한다. 그럼에도 세상은 달라지지 않는다. 달라지는 것은 나의 영혼이다. 영혼은 자신이 지나온 계단을 재차 오르는 법이 없다. 영혼은 더 높이 올라가기를 갈망할 뿐이다. 반대 방향이더라도 상관없다. 내려갈수록 영혼은 더욱 깊어질 테니까.

자신이 극복해 낸
사건만을 이야기하라

인간은 침묵해선 안 되는 순간에만 이야기해야 한다. 그
리고 자신이 극복해 낸 사건만을 이야기해야 한다. 그밖에는
모두 쓸데없는 이야기일 뿐이다.

최고의 사상은 이해되기 힘들다

　　최대의 사건과 최고의 사상은 이해되기 힘들다. 이런 사건이나 사상과 같은 시기를 살아가는 인간은 정작 이런 것들을 경험하지 못한다. 다만 그 곁을 지나치며 살아가는 것이다.

　　이것은 별의 세계에서 벌어지는 현상과 비슷하다. 가장 멀리 떨어진 별빛은 가장 뒤늦게 인간의 발치에 닿는다. 그 별빛이 우리의 뇌리에 닿기까지 인식은 진실을 부정한다. 시선 너머에 별이 존재한다는 사실을 부정하는 것이다.

　　"어떤 정신을 이해하기 위해서는 대체 몇 세기나 필요한 것일까?" 이 물음에 대한 답변 역시 하나의 척도로 가늠할 수 있다. 인간은 자신에게 영향을 끼칠 때까지 불필요한 법칙과 격식을 강요한다. 정신에 대해, 또는 별에 대해.

도덕적인 편견은
폭력과 다를 게 없다

지금까지 심리학은 도덕적인 선입견과 의혹에 훼방을 받아왔다. 심리학은 저 깊은 인간의 영혼 속으로 들어갈 수 없었던 것이다. 하지만 이에 대해 나처럼 권력에 대한 의지, 또는 진화론적으로 생각해 본 사람은 아무도 없었다.

도덕적인 편견은 폭력과 다를 게 없다. 심리학에 대한 편견은 가장 정신적이고, 지극히 냉정하며, 어떤 전제로도 감출 수 없는 영역까지 침투하여 손해를 끼치고, 방해하고, 현혹하고, 착란을 일으켜 왔다. 따라서 심리학자들은 이 무의식적인 저항과 싸워야만 했다. 한마디로 심리학자들의 가장 큰 적이 사람들의 심리였던 셈이다. 사람들은 '선과 악'이 존재한다는 심리학의 가장 기본적인 학설에도 세련된 모독이라는 유행어를 붙여줬다.

Nietzsche

Friedrich

만약 어떤 심리학자가 증오, 질투, 탐욕, 지배욕 등이 생명의 필수적인 감정이기 때문에 이것을 없애서는 안 된다고 주장한다면, 그는 사람들의 비판에 마치 뱃멀미를 앓는 것처럼 어지러움을 맛보게 될 것이다.

그대들의 근면은 도피이다

매일같이 반복되는 역사, 그대가 누리는 하루하루의 역사를 만들어내는 힘은 무엇인가. 그 역사를 성립시키는 그대의 습관을 자세히 들여다보라. 그 습관이 무수히 작은 두려움과 나태의 산물인가, 아니면 그대를 둘러싼 용기와 창조적인 이성의 선물인가.

이 두 가지 경우는 매우 다르지만, 사람들은 그대의 선택과 상관없이 자신들에게 이익이 되는 조건을 찾아 그대를 칭찬할 것이라는 점을 명심하라. 그대가 어떤 선택을 하든 그대가 할 수 있는 일은 결국 크게 다르지 않다는 점을 명심해야 한다. 사람들의 칭찬이나 명성은 양심의 가책을 느끼지 못하는 자를 만족시킬 뿐이다.

인간은 망각을 배울 수 없다. 그는 늘 지나간 과거에 매달리는 자신을 이해하지 못한다. 그가 아무리 빨리, 그리고 멀리 달아나더라도 쇠사슬은 언제나 그의 뒤에 있다.

거친 노동을 사랑하고, 빠른 것, 새로운 것, 진귀한 것에 환호하는 그대들이여. 그대들은 모두 인내가 부족하다. 그대들의 근면은 도피이다. 자신을 망각하려는 의지이다. 복수의 욕망에 시달리는 광풍보다 차라리 기둥에 묶인 고행자가 행복하다.

책장을 넘기는 데 만족하지 말라

나는 독서에 열중하는 한가로운 사람을 증오한다.

우리의 한 세기가 독서로 물들었더라면 정신이란 단어의 뜻은 악취였을지도 모른다.

우리 시대의 유행어인 누구나 독서를 생활화할 수 있다는 말은 결국 어느 시기가 되면 누구나 쓸 수 있다는 말로 바뀔 것이고, 그때부터 인간의 생각은 엉망이 될 것이다.

'책장을 넘기는 데' 만족한 학자는 얼마 후 생각하는 능력마저 완전히 상실하게 된다.

생각한다는 것은 하나의 자극에 대답하는 것이며, 책장을 넘긴다는 것은 자극에 반응하는 것뿐이다. 오늘날의 학자는 지난 세기의 학자들이 생각했던 것을 긍정하거나, 또는 부정하는 데 그친다. 이미 자신의 생각은 오래 전에 소실되

Friedrich Nietzsche

었다.

학자의 자위본능이 점점 쇠약해지고 있다. 만일 그렇지 않다면 그는 책이 담고 있는 사상에 저항했을 것이다. 학자는 일개 데카당스에 지나지 않는다. 그들은 불꽃, 즉 사상을 표현하기 위해 다른 누군가의 손을 빌려야 하는 성냥에 지나지 않는다.

이른 아침, 또는 한밤중에 모든 것이 상쾌해졌을 때 자신의 힘이 저 차가운 본능 속에 숨어 있음에도 불구하고 책장을 넘기는 것. 나는 이것을 죄악이라 부른다.

학자들은 손으로 책을 뒤적거릴 때를 제외하곤 생각을 거의 하지 않는다. 그의 지식은 뒤적거린 책에 대한 느낌일 뿐이다. 학자는 이미 생을 마감한 생각에 집착한다. 그가 내놓는 비평은 매장된 시체에 대한 감상이다.

신이란 하나의 사상이고
낙원은 마음의 변형이다

신이란 하나의 사상이다. 그 사상은 모든 진지한 사물을 왜곡시키며, 스스로 서려는 자들을 어지럽게 한다. 낙원은 마음의 또 다른 변형이다. 낙원은 우리의 죽음을 기다리는 그 무엇이 아니다. 죽음은 저승으로 가는 다리도 아니며, 초월도 아니다. 죽음은 단순한 껍질이며, 기호이다. 죽음은 결코 종교적인 문제가 아니다. 따라서 신의 나라는 사람들이 기대하는 것과 다르다. 그곳에는 어제도 없고, 내일도 없다. 천년이 지나도 그곳은 돌아오지 않는다. 신의 나라는 내면적 경험이다. 지상에서의 고통을 잊게 하는 순간적인 뉘우침이다. 그곳은 도처에 널려 있다. 그리고 아무 데도 없다.

Friedrich Nietzsche

가톨릭은 에로스에게
독을 먹였다

지상에 종교적인 신경발작이 출현할 때마다 반드시 세 가지 식이요법이 뒤따라 왔다. 여기서 식이요법이란 고독, 단식, 성적 금기이다. 무엇이 이 신경발작의 원인인지, 그 결과가 무엇인지, 대체 식이요법과는 어떤 인과관계가 숨겨져 있다는 것인지 우리로서는 아직 제대로 파악할 수 없다. 다만 확실한 증상은 어떤 국민이 갑자기 무질서한 음란에 사로잡히는 시기가 오는데, 그 직후 신경발작 증세가 엿보이고, 잠시 후 바닥에 쓰러져 참회의 경련과 속세의 부정으로 이어진다는 점이다.

가톨릭은 에로스에게 독을 먹였다. 다행히 에로스는 죽지 않았지만, 은밀해지고 음란해졌다.

두려움만큼 위대한 재료는 없다

　두려움은 축복이다. 두려움의 축복을 아는 자라면 이 상태에 최고의 경의를 표할 것이다. 그가 만약 예술가라면 그는 두려움을 전달하기 위해 최선을 다할 것이다. 예술은 전달하기 위해 태어났고, 그 전달의 재료 중에 두려움만큼 위대한 재료는 없기 때문이다.

　인생을 추락시키는 강력한 적수의 등장에, 인간은 재난과 공포로 감정이 마비된다. 이 마비된 감정에서 깨어나기 위해, 용기와 자유만으로도 충분히 승리할 수 있다는 메시지를 전달하기 위해 인간은 예술을 만들어내게 되었다. 그래서 예술은 비극적일 수밖에 없다. 인생에서 거둔 승리란 결국 두려움을 극복한 상태이며, 예술은 그 두려움을 찬미해야만 하기 때문이다.

Nietzsche

Friedrich

모든 비극은 영웅들의 영혼이 제창한 노래다. 인간의 영혼은 두려움 앞에서 사티로스가 된다. 반인반수의 괴물, 사람의 얼굴에 염소의 하반신, 본능에 취해 디오니소스를 좇는다. 고통에 익숙한 자를 연기하다가 끝내는 스스로 고통을 찾는 자가 된다. 그렇게 영웅이 된 인간은 비극이다. 이 비극은 오직 자기 자신만을 찬미한다. 자기 자신만 노래하는 시인이 되어 비극의 술잔을 스스로에게 권한다.

신은 스스로 피조물이 되었다

잘 들어라. 내가 신학자로서 말하는 경우는 아주 드문 일
이니까. 그 위대한 역사를 창조한 후 뱀이 되어 지혜의 나무
에 몸을 두르고 있었던 것은 다름 아닌 신 자신이었다. 그가
신이라는 목적에서 해방된 것은 바로 이때부터였다. 그는 모
든 것을 너무나 아름답게 만들었다. 단지 아름다움을 만든
것에 만족할 수 없을 만큼 그가 만든 세상은 아름다웠다. 그
래서 신은 스스로 피조물이 되었다.

Friedrich Nietzsche

타인을 심판하려는 자를
믿지 말라

우리에게 천국을 안내하겠다는 인종들은 새로 장만한 펠트 구두창이 상할까 봐 조심조심 발걸음을 내디디며 입으로는 쉴새없이 말도 안 되는 설교만 늘어놓고 있다.

나의 친구여, 나는 그대들에게 충고하노라. 타인을 심판하려는 자를 믿지 말라! 그들은 우리와 다른 혈통이며, 전혀 다른 종족이다. 그들의 얼굴은 사형집행인의 미소이며, 굶주린 사냥개다. 자신이 정의롭다고 떠들어대는 자를 믿지 말라! 그들은 바리새인이 되기 위해 언젠가 우리에게 권력을 요구할 것이다. 그들이 자신을 '선량하고 정의롭다'고 주장할 때 우리는 두려움을 느껴야 한다.

나의 벗이여, 독거미들을 주의하라. 이 독거미들은 세상을 피해 거미줄에 매달려 있다. 이들은 자신이 쳐놓은 거미

줄에서 우리를 가르치려고 한다. 우리에게 세상을 가르치려
한다. 이 독거미의 언변을 주의하라. 그들의 설교는 우리의
파멸을 위해 준비된 덫이다.

자신이 선량하며 공정하다고 말하는 자들을 경계하라.
그들은 창조자를 십자가에 못 박을 때 가장 즐거워하는 자들
이다. 그들은 고독한 인간을 증오하는 자들이다.

우리는 고귀하고 정신적으로 충만한 광신도가 존재했었
다는 사실을 알고 있다. 광신도는 사람들의 영혼을 자극하고
북돋우는 매우 지속적인 작용도 할 수 있다. 하지만 우리는
그를 삶의 지도자로 섬기지는 않을 것이다. 만에 하나 그의
영향력을 이성의 제어 아래 두지 않는다면, 그는 우리를 사
악한 길로 인도할 것이다.

Nietzscbe

겸손은 늑대를 개로 만들었다

나는 사람들 사이에서 눈을 점점 더 크게 떠야만 했다. 왜냐하면 그들이 점점 더 작아졌기 때문이다. 그들이 행복과 윤리에 대한 가르침에 익숙해질수록 그들은 왜소해지기 시작했다. 그들은 항상 겸손했다. 왜냐하면 위로와 기쁨을 원하기 때문이다. 위로와 기쁨은 상대방이 자신보다 나약할 때만 찾아온다. 그들은 나름대로 열심히 걸었지만, 나는 그들을 절름발이라고 불렀다. 그들은 항상 절뚝거리며 걸었기 때문에 다른 사람의 방해가 되곤 했다.

그들이 가장 좋아하는 행동은 목을 곧추세워 뒤를 돌아보는 것이었다. 나는 그때마다 그들을 짓밟아버리고 싶은 충동을 간신히 억눌렀다.

이들 중 어떤 자는 자신만의 의지를 갖고 있었지만, 대부분 남의 의지를 빌려 쓰는 것으로 만족했다. 이들 중 어떤 자는 무척 순수했지만, 대부분은 가식적인 배우들이었다. 물론 그들은 자신들이 배우라는 사실을 잘 몰랐다. 아니, 어떤 자는 이미 알고 있었지만, 자신을 지키기 위해 끝까지 이 사실을 숨기려고 했다.

이들은 타인을 지배하는 것이 타인에 대한 봉사라고 믿고 있었다. 나는 이 같은 거짓이야말로 그들이 보여주는 위선 중 가장 악랄한 위선이라고 생각했다. 그들의 지배자는 항상 이렇게 외쳤다. "나는 봉사한다. 너도 봉사한다. 우리는 모두 봉사한다."

그들의 주인은 자신이 하인이라는 사실을 잘 모르는 것 같았다. 나는 그때만 해도 그들의 이 같은 위선에 상당한 호기심을 갖고 있었다.

이곳에서는 약간의 친절에도 같은 분량의 연약함이 따라다닌다. 마찬가지로 약간의 정의와 독립에 대해서도 같은 분량의 연약함이 따라다닌다. 모래알이 모래알을 판단하고, 존중하고, 대접하고, 동정한다. 이런 작은 행복을 그들은 '인내'라고 불렀다.

그들이 윤리라고 정의 내린 관념은, 사실 비겁함에 지나지 않았다. 이들이 외치는 소리는 단지 두려움에 질린 쉰 목소리에 지나지 않았다. 하지만 그들은 영리했다. 그들의 윤리는 매우 영리한 손가락을 지니고 있었다. 그 대신 그들은 주먹을 쥘 수 없었다. 그리고 그들의 손가락은 주먹을 두려워하는 방법을 알지 못했다. 그들이 내세우는 덕은 오직 겸손과 순종뿐이었다. 덕분에 그들은 늑대를 개로 만들었고, 인간을 가장 필요한 짐승으로 만들어낼 수 있었다.

눈병과 논리적인 싸움을
하지 않듯이

사람들은 기독교의 교리에 반박하지 않는다. 마치 눈병과 논리적인 싸움을 하지 않듯이.

기독교는 인간이 도달할 수 없는 이상을 제시했다. 그 이상의 높이에 절망한 인간은 만인을 균등하게 창조한 자연의 법칙에 반감을 가졌고, 지금은 자연을 혐오하기에 이르렀다.

종교가 지닌 여러 가지 신화적 전제들이 정통적 교리에 부딪혀 이미 끝나버린 역사로 체계화되고, 신화의 신빙성에 대해 조심스럽게 논의하면서도 한편으론 신화의 성장에 낯을 찡그릴 때, 즉 신화에 대한 인간의 감각이 사라지고, 대신 종교를 실존하는 역사 위에 세워야 한다는 요구가 거세질 때 종교는 사멸하고야 말 것이다.

Friedrich Nietzsche

신의 몰락

일찍이 신은 그의 민족, 그의 '선택된' 민족만을 갖고 있었다. 하지만 그의 민족은 여러 곳을 방랑하게 되었고, 그 역시 자신의 민족을 좇아 낯선 곳을 방랑해야만 했다. 도저히 한곳에 정착할 기미가 보이지 않자, 신은 발길이 닿는 곳마다 자신의 고향으로 선포하기에 이르렀고, 마침내 위대한 세계주의자가 되고 말았다. 그 덕에 신은 지구의 절반을 지배할 수 있었다.

하지만 신은 끝내 이교도들을 용인하지는 않았다. 그는 여전히 유태인이었고, 보이지 않는 신이었고, 전 세계의 모든 불건전한 영역을 창조해낸 위대한 범죄자였다! 그의 영역은 여전히 지상이었고, 그는 여전히 왕이 되고 싶어 했다. 그래서 그의 백성은 가는 곳마다 병원을 세웠고, 밀실을 만들었고, 유태인의 나라를 건설했다.

그들은 늘 창백했고, 약했고, 허무했다. 항상 창백한 표정과 창백한 태도로 환자처럼 거닐었다. 처음 보는 사람들은 그들을 동정했다. 그들이 얼마나 많은 제국과 얼마나 많은 백성들을 지배하는지 알지도 못한 채 오직 그들의 창백한 표정과 스스로 병들었다고 고백하는 힘없는 목소리를 불쌍하게 여겼던 것이다!

하지만 뜻하지 않은 일이 발생했다. 신이 너무나 오랜 기간 자신의 언저리에 허무한 그물을 쳐놓은 까닭에 이제는 그의 백성들이 걸려들기 시작한 것이었다. 게다가 신은 허무주의에 빠진 백성들이 바치는 제물을 먹고 스스로 최면에 걸려버렸다. 마침내 신은 거미가 되었고, 나중에는 형이상학자가 되고 말았다.

신은 어쩔 수 없이 자기 자신으로부터 세계를 짜내기 시작했다. 그는 먼저 스피노자를 짜냈다. 그리고 더욱 희미해졌고, 더욱 창백해졌고, 더욱 타락해갔다. 신은 '이상'이 되었고, '순수한 정신'이 되었다. 신의 몰락! 신은 마침내 '물자체物自體'가 되었다.

도덕은 자아를 배척한다

인류는 엄청난 잘못을 저질렀다! 우리는 삶을 경멸하기 위해 영혼과 정신을 날조했다. 삶의 전제인 성性을 더러운 것으로 가르쳤다. 생장의 기본 덕목인 이기심을 수치로 비하했고, 쇠퇴의 전형적 징후인 희생에 가치를 부여했다. 그리고 모순과 상실과 개성과 이웃을 신념으로 둔갑시켰다!

나는 무엇을 말하고 있는가? 내가 말하려는 것이 인간의 퇴화인가? 아니다. 내가 말하려는 것은 결코 인간의 퇴화가 아니다. 우리의 시작이 이미 퇴화였다! 그래서 우리들은 퇴폐적인 가치를 최고의 선으로, 자기기만을 윤리로 가르쳤던 것이다. 우리가 가르치는 도덕의 근본은 배척이다. 그것도 자아의 배척이다! '나는 언젠가 파멸한다.'라는 인식을 '우리 모두는 파멸해야 한다.'로 잘못 번역한 것이다!

창조야말로 진정한 권력이다

권력을 지배로 해석하는 한, 인간은 파괴해야 할 낡은 가치들로부터 벗어나지 못할 것이다. 권력을 향한 의지는 무엇인가? 그것은 격렬한 갈증과 잔인한 획득이 아니다. 창조와 산출이다. 창조야말로 진정한 권력이다. 창조하는 자만이 과거를 심판할 권리를 가진다.

강자와 약자를 나누는 기준은 권력과 지배가 아니다. 무엇을 획득했느냐에 따라 강자와 약자가 나뉜다는 고정관념 때문에 다수의 인간들이 약자로 타락하게 되었다. 인간을 강자와 약자로 나누는 기준은 그가 무엇을 창조했느냐에 달렸다. 창조하는 자가 강한 자다. 남이 창조한 것을 자기 소유처럼 이용하면서도 부끄러움을 모르는 자들이 약자이며, 그런 자들을 우리는 노예라 지칭해야 할 것이다. 그들은 타인의,

권력의 노예가 아니다. 허무와 나태의 노예들이다. 이미 창조된 세계에 적응하려는 나태야말로 허무주의의 근간인 것이다. 그런 의미에서 허무주의는 노예적 정신이다. 우리 시대의 노예들이 두려운 까닭은 노예적 정신을 가진 자들이 타인의 창조를 힘으로 빼앗아 승리자가 되려는 망상에 젖어 있기 때문이다. 우리는 강한 자들을 약한 자들의 공격으로부터 지켜내야만 한다.

민주주의는
퇴폐주의의 보편화이다

　우리는 지금껏 경험해 보지 못한 이질적인 신앙 앞에 놓여 있다. 그것은 바로 민주주의의 태동이다. 이 새로운 정치 체제는 퇴폐주의의 또 다른 이름이라고 할 수 있다. 이것은 퇴폐주의가 찾아낸 최초의 형식일 뿐 아니라 보편화이며, 저능이다.

　우리는 이제 누구를 위해 희망을 이야기해야 하는가? 그것은 오직 새로운 철학을 위해서이다. 그것은 오직 반대되는 가치들을 새롭게 제안하고, 우리의 억눌렸던 저 영원한 가치를 소멸시킬 수 있을 만큼 강렬한 정신을 소유한 자들을 위해서이다. 그것은 오직 수천 년의 의지를 완성시킬 미래의 인간, 즉 선지자를 위해서이다.

　상처받은 인류의 미래를 회복시키려면 대가가 필요하다.

Friedrich

Nietzsche

미래가 숙명이 아닌 선택임을 우리들 스스로에게 가르치는 것이 필요하다. '역사'라는 이름으로 불리던 저 무지와 광기와 우연의 몸서리쳐지는 지배에서 벗어나려면 우리에겐 새로운 철학자가 필요한 것이다.

민주주의는 결국 새로운 노예제도의 탄생이다. 민주주의는 인간을 이 새로운 제도에 알맞게 사육할 것이다. 그리고 이 제도를 지배하는 몇몇 인간들은 지금까지 유례를 찾아볼 수 없는 명예와 부를 누리게 될 것이다. 이들의 교양이 보편화되어 그들의 욕구에 맞게 우리는 교육받고, 기능하고, 복종하는 날이 도래할 것이다.

나는 반드시 말해야겠다! 민주주의는 전제적 지배자에게 면죄부가 될 뿐이다! 그들은 민주주의 덕분에 더 이상 죄의식을 느끼지 않고 수탈을 감행할 것이다.

자신의 책임을 타인에게 나눠주려고
생각하지 말 것

우리의 의무를 만인을 위한 의무로 끌어내리려는 생각은 하지 말 것.

자신의 책임을 포기하려는 생각을 하지 말 것. 또 그것을 타인에게 나눠주려고 생각하지 말 것.

자신의 특권과 그 행사를 자신의 의무 속에 집어넣을 것.

문화는 민족의 가장 야만적인
삶의 행태에서 발견된다

지나치게 비대해진 도덕 관념은 지나치게 비대해진 악덕과 마찬가지로 한 민족을 사멸시킬 수 있다. 문화의 가장 큰 특성은 그 민족의 전통적인 삶과 전통적인 예술의 통일이다. 많이 안다는 것과 많이 배웠다는 것은 문화를 구성하는 필수 조건이 아니다. 오히려 문화는 민족의 가장 야만적인 삶의 행태에서 발견되곤 한다.

근면한 민족은 한가한 시간을 견디지 못한다. 영국인이 일요일을 신성하게 여긴 까닭은 월요일의 노동을 그리워하게 만들려는 하나의 술책이었다. 신성한 일요일의 무료함이야말로 가장 영국적인 본능이라고 할 수 있다. 이것은 아주 교묘한 단식과도 같다. 폭식과 폭식을 연결해주는 다리로써 활용되는 단식이 바로 영국인들의 일요일이 갖는 위상이다.

독립은 강자만의 특권이다

독립이란 소수의 인간들에게만 허용되는, 다시 말해 강자만의 특권이다. 하지만 불필요한 순간에 독립을 시도하는 자가 있다면, 물론 그가 그럴만한 충분한 자격과 이유가 있다고 할지라도, 그것은 어디까지나 방종이다.

그는 자신이 인간사회로부터 독립된 인간임을 증명하기 위해 저 무시무시한 미노타우로스의 미궁에 스스로 뛰어든다. 그리고 이미 위험해진 인생을 더욱 위험한 곳으로 내던져버린다. 그는 자신이 어디서 길을 잃었으며, 어떻게 고독해졌는지, 또 양심이라는 미노타우로스의 이빨과 마주쳐 산산이 찢겨져 버린 과정을 사람들에게 알려주고 싶지만, 그는 이미 사람들과 너무 멀리 떨어져 있어 아무런 말도 해줄 수가 없다.

Nietzsche

Friedrich

만에 하나 그가 이 미궁 속에서 결국 파멸하더라도 사람들은 이런 미궁이 있다는 사실조차 모르기 때문에 그의 고통을 체감하거나 동정할 수도 없다. 다만 돌아오지 않는 그를 기억해 줄 뿐이다.

그대의 눈동자는
짐승의 행복을 부러워하고 있다

    그대 옆에서 풀을 뜯어 먹으며 지나가는 저 가축의 무리를 보라. 그들은 어제가 무엇이고, 오늘이 무엇인지 상관하지 않는다. 그저 이리저리 뛰어다니고, 하루 종일 먹어대고, 한가롭게 누워 소화가 되기만을 기다린다. 그리고 배가 고파질 때까지 다시 뛴다. 그들은 아침부터 저녁까지 순간이라는 말뚝에 묶여 사는 것이다. 그래서 그들은 우울도, 권태도 느낄 수 없는 것이다.

    그대는 이런 짐승 앞에서 그대가 인간임을 자랑한다. 하지만 그대의 눈동자는 짐승의 행복을 부러워하고 있다. 어쩌면 그대는 권태도 없고, 고통도 없는 저 말뚝의 삶이 부러운 것인지도 모른다. 그대는 짐승들에게 묻는다. "왜 자네들의 행복에 대해서 말해주지 않는 것인가? 왜 내 얼굴만 바라보고 있는가?" 짐승들은 그대에게 대답한다. "말하고 싶은 것을 항상 잊어버리기 때문이다."

　짐승들은 해야 할 말을 잊고 사는 것이다.

산다는 것은
위험 속에 존재하는 것

일반적으로 산다는 것은 위험 속에 존재하는 것을 의미한다.

어디를 가든 황야와 동굴이 널려 있다. 그렇기 때문에 굴복하지 않도록, 의기소침해지거나 우울해지지 않도록 늘 조심해야 한다.

프로메테우스는 인간에 대한 사랑 때문에 독수리에게 갈기갈기 찢겨졌고, 오이디푸스는 스핑크스의 수수께끼를 조롱할 만큼 지혜로웠기 때문에 어지러운 범죄의 주인공이 되었다.

세계는 권력을 향한 의지다,
그 외에는 아무것도 아니다

세계란 무엇인가? 나는 그대들에게 이 세계를 비추는 거울이 되고자 한다. 세계는 시작도 끝도 없는 거대한 힘이다. 커지지도 작아지지도 않고, 소모되지도 않고, 그럼에도 끝없이 변화하는 동일한 질량이며, 지출과 손해가 없는데 수입과 증가도 없고, 무無라는 경계에 둘러싸였음에도 흐릿해지거나 허비되어 사라지지 않는 일정한 영역. 무한히 확장되면서도 늘 다수의 공간이 비어있는 도처. 놀이로서의 파동이며, 하나인 동시에 다수, 이곳에 쌓인 만큼 저곳에서 소모되고, 자기 안에서 휘몰아치며 밀려들 때 외부에서 사라지는 변화, 영원한 회귀, 시간과 더불어 빠져나가는 썰물과 밀물, 지극히 간단하면서도 가장 복잡한 움직임, 세상에서 제일 고요하지만 가장 시끄러운 비명, 모순으로 움직이고 단순함으로 증명되는 조화로운 궤도. 그 속에서 세계는 스스로 축복하고 스스로 저주하며 권태와 피로를 모르고 생성된다.

영원한 자기 창조와 영원한 자기 파괴는 모순이 아니다. 이것은 디오니소스가 다스리는 관능의 세계다. 이것이 세계의 비밀이다. 파괴는 창조이며, 창조의 목적은 파괴다. 이것이 세계의 비밀이다. 선악의 저편에 세계가 머문다. 선과 악의 순환에는 목석이 없다. 목적이 없는 세계에서 인간은 행복이라는 목적을 인식하는 죄악을 범했다. 그래서 인간은 진짜 세계에서 추방당했다. 추방당한 인간은 진짜 세계를 대체할 만한 무언가를 찾아다녔고, 마침내 발견했고, 이 가짜 세계에 이름을 붙여줬다. 권력이라는 이름을. 그것이 이 모든 수수께끼를 푸는 유일한 해답이다.

세계는 권력을 향한 의지다. 그 외에는 아무것도 아니다. 그대들 역시 권력을 향한 의지다. 그 외에는 아무것도 아니다.

나는 이 거대한 도시의 일부다

사소한 것, 한정된 것, 진부한 것, 낡은 것을 모아 인간은 아늑한 보금자리를 마련한다. 이 지나간 시간들을 통해 인간은 자신의 품격과 불가침성을 확인하려는 것이다. 그가 사는 도시의 역사가 곧 그의 역사이며, 성벽, 탑, 시청, 축제는 마치 소년 시절의 그림일기처럼 정겹기만 하다.

이런 것들로부터 인간은 자기 자신을, 힘을, 근면을, 즐거움을, 판단을, 어리석음과 실수를 발견하곤 만족해한다. 여기서 살았다, 지금 살고 있기 때문에 앞으로도 계속 살 것이다, 나는 강인하다, 이 거대한 도시의 일부이기 때문이다, 이 거대한 도시가 하루아침에 무너지지는 않을 테니까 나도 쉽게 사라지지는 않을 것이다, 라고 그는 혼잣말처럼 중얼거린다.

도시에서 당신은 모든 것을 잃는다

오, 차라투스트라여, 이곳은 거대한 도시다. 이곳에는 그
대가 구하려는 것이 없다. 그대가 이곳에 발을 디디는 순간,
오히려 모든 것을 잃게 될지도 모른다.

어째서 그대는 이 더러운 진창을 밟으려 하는가? 그대의
발을 긍휼히 여기라. 지금 당장 도시의 성문에 침을 뱉고 돌
아서라. 이곳은 철학의 지옥이다. 이곳에서 위대한 사상은
모두 난도질당했다. 이곳 사람들은 매일 위대한 철학을 산
채로 삶아 먹는다.

이곳에서 모든 위대한 감정은 썩어버리고, 오직 메마른
감각만이 주인 행세를 한다. 그대는 이 냄새가 무엇인지 아
는가? 우리의 코뼈를 자극하는 이 냄새의 정체는 정신의 도
살장에서 풍겨오는 냄새다. 이 구역질 나는 냄새는 피살된

정신의 시체로부터 풍겨오는 냄새란 말이다.

이곳 사람들의 영혼이 누더기처럼 늘어져 있는 것을 그대는 보지 못하였는가. 이 누더기가 아침마다 신문이 되어 사람들에게 달라붙는다. 이곳의 언어는 더러운 가스다. 이곳 사람들은 이 가스로 신문을 만들어 누더기처럼 덮어쓰는 것이다. 게다가 그들은 서로 추방하기까지 한다. 하지만 어디로 추방하는지는 아무도 모른다. 그들은 날마다 서로 화를 낸다. 하지만 무엇 때문에 분노했는지는 아무도 모른다.

그들은 마치 아연판처럼 소리를 낸다. 그들은 그들의 황금과 함께 소리를 지른다. 그들은 냉정하다. 그래서 끓는 물에 손을 담근다. 그들은 분노한다. 그래서 얼어붙은 정신에 입을 맞춘다. 그들 모두가 여론에 의해 멍이 들고, 고통을 받는다. 이곳은 모든 번뇌와 부도덕의 마지막 빈민굴이다.

5부

Friedrich Nietzsche

가장 좋은 교육은

아이들에게 웃음을 가르치는 것이다.

『즐거운 학문』

인생의 계절

20대는 열정적이고 지루하며, 언제 소나기가 내릴지 알 수 없는 시기이다. 20대는 늘 이마에 땀이 맺혀 있고, 삶이 고된 노동이라는 것을 어렴풋이 깨닫지만, 그것을 필연으로 받아들이는 연령이다. 따라서 20대는 여름이다.

반면에 30대는 인생의 봄이다. 어떤 날은 공기가 너무 따사롭고, 또 어떤 날은 지나치게 춥다. 언제나 불안정하고 자극적이다. 끓어오르는 수액이 잎을 무성하게 만들고, 모든 꽃의 향기를 구별할 수 있는 나이이다. 그리고 처음으로 향수鄉愁와 추억을 구별하는 시기이다.

40대는 모든 것이 정지된 연령이다. 바람은 더 이상 그를 움직일 수 없다. 구름 한 점 없는 맑은 하늘이 그의 수확을 돕는다. 40대는 한마디로 인생의 가을이라고 볼 수 있다.

청춘, 그것은
무거운 질병과도 같은 고뇌였다

누군가 벗들에게 "지난 10년, 혹은 20년을 다시 한번 살아보겠는가?"라고 물으면 대부분은 싫다고 대답할 것이다. 그 이유를 물으면 그들은 이렇게 대답한다. "다가올 20년은 오늘보다 좀 더 나아지겠지."

친구들이여, 젊었을 때 우리는 고통스러웠다. 청춘, 그것은 마치 무거운 질병과도 같은 고뇌였다.

그 고통은 우리가 던져진 시대의 슬픔이었다. 우리들 청춘의 퇴폐와 분열은 시대의 고통이었다. 우리의 시대가 안고 있던 모든 연약함은 최상의 조건에 만족해야 할 청춘을 가로막았다.

청춘은 숭배하거나, 혹은 멸시한다. 청년은 항상 누군가를 숭배하거나, 누구 때문에 분노한다. 그는 사물을 위조하고, 그것에 자신의 격정을 남김없이 쏟아버린다. 청춘이란, 정확히 말하자면 사기이며 허상이다.

그의 환멸은 세계가 아닌 자기 자신에 대한 폭력이며, 그의 자해自害는 다가올 미래에 대한 양심의 가책이다. 그는 자신이 이 비열한 세계의 일부였음에 분노하고, 그에 대한 반항으로 스스로를 갈기갈기 찢어버릴 수밖에 없음에 실망한다. 그리고 10년이 지난 후에야 비로소 깨닫는다. 이것이 청춘이었음을.

어떤 희생을 치르더라도 진리를 손에 넣고야 말겠다는 단호한 의지, 진리에 대한 그 숨 막히는 사랑, 이것이 그대를 청춘의 광기로 물들이는 주범이다. 그대는 경험이 부족하고, 진지하며, 병적으로 쾌활하다.

시간이 지날수록 이 화상火傷의 범위가 넓어지며, 상처는 깊어만 간다. 진리의 가면을 벗겨도 여전히 진리는 그대에게 진실을 속삭이지 않는다. 그대는 이 모든 것에 절망한다. 삶을 받아들이기엔 그대가 너무 젊다.

삶이여, 당신의 얼굴이
영원토록 나를 비추게 하소서

인생을 사랑한다는 것은 장수長壽의 축복을 사랑하는 것과는 다르다. 누구나 순간과 영원을 생각한다. 하지만 모두가 인생의 길고 짧음에 골몰하는 것은 아니다.

무르익은 포도송이가 갈색을 띠기 시작했을 때, 태양이 오랜만에 나의 삶을 비추는 이 충만한 날에, 나는 뒤를 돌아보며 아득한 앞날을 헤아린다. 나는 나의 40년을 헛되이 묻어버린 것이 아니었다. 나는 지나온 나의 생애에 진심으로 감사하다. 그리하여 나는 나의 생애에 대해 나 자신에게 들려주고자 한다.

나는 너무나 많은 것들을 경험했다. 기쁨과 슬픔을, 즐거운 일들과 괴로운 일들을. 이 모든 경험이 아버지가 아들을 인도하듯 나를 강하게 이끌어주었다. 나는 마음속으로 다짐했다. 영원히 내 인생의 충성스런 종이 되겠노라고.

삶이여, 나의 생각과 마음이 실행될 수 있도록 강인한 의지를 허락하시고, 내가 걷는 이 길에서 나를 보호해 주소서! 오, 삶이여, 당신의 얼굴이 영원토록 나를 비추게 하소서!

고독한 사람들은
사랑을 필요로 한다

진실한 우정은 존재하지 않는다고 말하는 사람도 있다. 진실한 우정은 황야를 관통하는 위험천만한 길과 비슷하다. 그 길을 지나는 지친 방랑자들에게 주어지는 아주 엄선된 대접 같은 것이라 살면서 얻는 자들은 아주 극소수에 불과하다.

하지만 고독한 사람들은 사랑을 필요로 한다. 침묵과 위장과 긴장이 풀리는 순간, 친구를 원하게 된다. 오래전에 헤어졌던 친구와 다시 만나면 이미 자신들에게 아무런 영향도 미치지 않는 추억을 끄집어내 그동안 소중한 보물로 간직해 왔던 것처럼 서로 자랑한다. 양쪽 모두 이 같은 대화가 쓸모없다는 것을 알지만 감히 그 베일을 벗길 생각은 하지 못한다. 마치 죽은 자와 산 자의 만남처럼 영혼과 입술과 마음이 서로 다른 감정을 품고 있는 것이다.

가장 아름다운 사랑도
약간은 쓰다

순간의 어리석음, 이것이 그대들 세계에서는 연애라는 이름으로 불리고 있다. 그리고 그대들의 결혼은 순간의 어리석음에 종지부를 찍음으로써 해결된다. 그 대신 장기간에 걸친 새로운 어리석음이 탄생하는 것이다.

만일 결혼이 동거를 고집하지 않았더라면 행복한 결혼은 더욱 많았을 것이다. 가장 아름다운 사랑도 약간은 쓰다.

부모는 자식을 자기와 똑같은 인생으로
만들어버린다

내가 두 손으로 이 나무를 흔들려고 해도 나무는 결코 움직이지 않을 것이다. 하지만 눈에 보이지 않는 저 바람은 나무를 뿌리째 뽑아버릴 수도 있다. 우리 또한 저 나무처럼 보이지 않는 힘에 뽑혀버리는 수가 있다.

부모는 자신도 모르는 사이에 자식을 자기와 똑같은 인생으로 만들어버린다. 이것을 가리켜 그들은 교육이라고 부른다. 어머니는 갓 태어난 아기를 독립된 인생으로 인정하지 않는다. 그녀는 이 갓난아기를 가장 귀중한 보석처럼 생각하는 것이다.

마찬가지로 자신에게 아들을 가르칠 권리가 있는지, 이 어린 미래를 자신의 관념으로, 자신이 원하는 미래를 위해 복종시킬 권리가 있는지 스스로 물어보는 아버지는 없다.

Friedrich Nietzsche

고대에는 아버지에게 아들의 생사를 결정지을 권리가 있다고 믿었다. 현대에는 그 아버지의 권리를 교사와 계급과 군주와 국가가 물려받았다고 믿는다. 그들은 한 생명이 태어날 때마다 새로운 소유의 기회가 찾아왔다며 반가워한다.

부모의 성격과 욕구가 빚어내는 마찰은 어린이의 성질에 고스란히 남아 그의 내적 순환을 방해하는 불협화음이 된다. 인간은 점점 더 거대해지고 거만해지는 추억에 대항하며 살아간다. 그는 언제나 추억에 짓눌리고, 정복당한다. 이 보이지 않는 빚이 그의 인생을 괴롭히는 것이다.

어떤 면에서 나는
나의 아버지에 불과하다

　나의 아버지는 36세에 세상을 떠났다. 그는 부드럽고 상
냥하고 연약했다. 마치 떠나기 위해 세상에 태어난 것 같은
사람이었다. 아버지에게 삶은 단지 아름다운 회상일 뿐이었
다. 아버지의 생명이 사라져 가던 바로 그 나이에 나의 생명
도 쇠퇴하기 시작했다. 아직 숨을 쉴 수는 있었지만, 아무것
도 보이지 않았다. 그것은 1879년의 일이었다. 그때 나는 겨
우 서른다섯이었다. 결국 나는 바젤대학 교수직을 사임하고,
여름 내내 생모리츠에서 그림자처럼 지냈으며, 내 평생 가장
우울했던 다음 해 겨울에는 나움부르크에서 완전한 그림자
가 되었다.

　어떤 면에서 나는 나의 아버지에 불과하다. 나의 삶은 그
의 삶의 지속인 것이다.

모르니까 말하지 않는 것이다

아직 성공한 것은 아니다. 성공에 도달하지 못했다. 그래서 나는 성공을 모른다. 이것이 사실이다. 모르니까 말하지 않는 것이다. 내가 모르는 일에 대해 누군가 나를 위로해 주겠다며 나서는 것은 기만이다. 이런 나를 구원해 주겠다며 던지는 충고가 혐오스럽다. 나는 아직 그것을 모르는데, 모르기 때문에 실체가 분명한 사실인지 의심하고 있는데, 왜 그것을 이루지 못했냐며 의무를 저버렸다고 비난하는 말들까지 들어줄 생각은 없다. 내가 겪어보지 못한 일에 대해 어째서 의무와 종속을 강요당해야 한단 말인가?

그대의 마음 깊숙한 곳이
삶을 긍정하고 있는가?

그대는 다음과 같은 물음에 답해야만 한다.

"과연 그대의 마음 깊숙한 곳이 삶을 긍정하고 있는가? 그대는 만족하는가? 그대는 무엇을 바라는가?"

만약 그대의 대답이 진실이라면 이 잔인한 삶에서 해방될 것이다.

자신에 대한 성실함과 연결되지 않는 위대함을 나는 인정하지 않는다. 자신을 꾸미는 연극에 구역질을 느낄 뿐이다.

Friedrich Nietzsche

인간의 하루

간밤의 폭풍을 뚫고 살아남은 영혼은 밝게 갠 아침 햇살에 자신을 옥죄던 긴장을 푼다. 시끄러운 세상의 소리가 점차 그의 귓전에서 멀어지고, 따스한 태양만이 머리카락을 어루만진다. 사람들의 눈이 닿지 않는 숲속에는 목신牧神이 잠들어 있다. 자연은 목신과 함께 잠에 취해 그의 물음에 아무런 대답도 하지 않는다.

그는 이제 아무런 희망도 없고, 아무런 생각도 없다. 심장은 어느새 멈춰버렸고, 오직 그의 눈만이 살아 있다. 눈동자만이 사물을 분별하는 일종의 죽음과 같은 상태다.

그때 인간은 일찍이 경험한 적이 없는 수많은 현상들과 직면하게 된다. 그의 동공은 빛으로 짠 그물에 가로막히고, 엄청나게 밀려오는 빛에 매장되어 버린다. 그때서야 비로소 인간은 행복에 도취된다. 하지만 그 행복은 너무나 가혹한 행복이다.

잠시 후 나무들 사이에서 바람이 불어온다. 한낮은 이미 지나간 지 오래다. 생활이 다시 그를 삶의 터전에 던져버린다. 맹목의 눈을 가진 생활이 어젯밤처럼 그의 동반자가 되어 그를 기만한다. 그의 뒤에는 소망, 망각, 향락, 부정, 무상이라는 그림자가 펼쳐진다.

그리고 또다시 황혼이 찾아온다. 황혼은 오늘 밤도 폭풍과 함께 일렁인다.

인간은 삶이라는 물질의 활동을 이런 식으로 해석하고 싶어 한다. 그들 대부분은 인생을 병적인 것에 가까운 증상으로 오해한다. 하지만 그것이 꼭 잘못된 관념만은 아니다.

비범한 인간이 통속적인 사회에서
살아가는 경우의 위험성

　비범한 인간이 통속적인 사회에서 살아가는 경우, 어느 근대의 영국인은 그 위험성에 대해 이렇게 말하고 있다. "이런 특이한 인물들은 처음에는 고개를 숙이고, 나중에는 우울해지며, 결국 병에 걸려 죽고 만다. 셸리는 도저히 영국에서 살아남을 자신이 없었을 것이다. 마찬가지로 셸리와 같은 인종은 오늘날에도 영국에서 살아남는 것이 불가능하다."

　횔덜린이나 클라이스트, 그리고 그 밖의 몇몇 인물들은 타고난 비범함 때문에 파멸했다. 다만 베토벤, 괴테, 쇼펜하우어, 바그너처럼 확고한 신념을 갖고 있는 사람들은 다행히 견뎌낼 수 있었다. 그러나 그들은 생존하는 데 일반인보다 몇 배의 노력을 기울여야만 했다. 이 고통스런 싸움의 흔적은 그들의 표정과 주름에 자세히 새겨져 있다.

협정은 관습이 되고,
규정은 강제가 되었다

권리의 시작은 우선 '관습'으로 거슬러 올라간다. 그리고 관습은 다시 '협정'으로 거슬러 올라간다. 지난날 협정이 맺어졌을 때 모든 사람이 만족했다. 하지만 정식으로 다시 갱신해야 한다는 점을 누구도 인식하지 못했다. 이윽고 협정은 지속되었고, 사람들의 망각이 협정을 관습으로 받아들이게끔 만들었다.

이 관습은 또다시 수천 년이 흘러 사회의 시작과 동시에 발생한 규정으로 인정되었고, 규정은 마침내 '강제'가 되었다.

오늘날 우리가 살아가는 시대는 먼 훗날의 세대에게 극히 비인간적이며, 어둡고 단단한 미지의 단면으로 비춰질지도 모른다.

Friedrich Nietzsche

생애의 모든 기간을
진리에 바치기로 결심했다

아주 잠시 동안, 나는 사람들이 그토록 집착하고 버리지 못하는 일상을 주의 깊게 살펴본 적이 있다. 나는 그중에서 가장 쓸만한 것을 골라야겠다고 생각했다.

그리고 몇 가지 중요한 사실을 깨닫게 되었다. 내가 믿는 신념을 더욱 확고히 지켜나가야 한다는 것, 오직 이성만을 궁구하고 내가 선택한 방법으로 진리를 찾아야 한다는 것. 이보다 더 확실한 사실을 나는 찾지 못했다.

나는 생애의 모든 기간을 진리에 바치기로 결심했다. 왜냐하면 내가 이 삶의 길에서 맛본 과일 중에 이 완고한 믿음보다 더 성실하고, 때 묻지 않고, 순수한 열매는 없었기 때문이다. 나는 일반인들이 발견하지 못하는, 아니 발견하려고 시도조차 하지 않는 뭔가 새로운 것을 발견하고 싶었다. 그리고 그 새로운 것을 발견할 때마다 내 마음은 그 어떤 사물로도 변질시킬 수 없는 행복에 젖어들었다.

사람은 스스로
시련을 택해야 할 때가 있다

고통에는 쾌락과 동일한 분량의 지혜가 담겨 있다. 고통은 쾌락과 마찬가지로 종족 유지에 필요한 가장 큰 원동력이다. 만일 고통에 이런 성질이 없었다면 예전에 그 모습을 감춰버렸을 것이다. 고통이 고통을 준다는 것은 고통을 반론하는 증거가 될 수 없다. 그것은 다만 고통의 본질일 뿐이다.

나는 고통에서 벗어나기 위해 "돛을 감아라!"라고 부르짖는 선장의 명령에 당혹함을 느낀다. 고통과 마주 선 인간은 오히려 선장의 명령을 어기고 돛을 활짝 펴는 연습을 꾸준히 반복해야 한다. 그렇지 않으면 곧바로 저 거대한 파도가 그들을 삼켜버리게 될 것이다.

우리는 최소한의 에너지로 생활을 유지하는 방법도 배워야 한다. 어디선가 고통이 다가오는 것이 느껴지면 그때부터 자신의 에너지를 조금씩 감소시켜야 한다. 삶의 폭풍이 그대를 향해 다가오고 있다. 그리고 우리는 이 폭풍을 헤쳐나가기 위해 짐을 줄여야만 한다.

어떤 사람들은 고통에서 환희를 맛보기도 한다. 그들은 폭풍이 밀려오는 구름 너머를 사랑하는 자들이다. 배가 뒤흔들릴 때마다 행복한 표정을 짓는다. 그렇다! 그들은 고통 속에서 행복을 찾아낸 것이다.

인생에서 최고의 기쁨을 수확하는 비결, 그것은 삶이 안고 있는 고통에 스스로를 노출시키는 것이다.

그대들의 도시를 베수비오 화산의 산허리에 건설하라. 그대들의 배를 아무도 알지 못하는 바다 한가운데에 띄워라. 그대들의 벗, 그리고 그대 자신과의 영속적인 투쟁에 헌신하라. 그대들, 인식하는 자여, 지배하고 소유할 수 없다면 약탈과 정복을 일삼는 자가 되어라.

겁을 집어먹은 사슴처럼 숲속에 숨는 것으로 만족하던 시대는 머지않아 사라진다.

사람은 스스로 시련을 택해야 할 때가 있다. 그가 독립된 정신의 소유자라면 그 시기를 놓쳐서는 안 된다. 시련을 회피해서도 안 되며, 이 위험한 놀이를 즐길 줄 알아야 한다.

항상 묶여 살아가지만,
더 이상 느낄 수 없는 것뿐이라면

자신이 어떤 관념이나 사물에도 의존하지 않는다고 생각할 때 인간은 자신이 독립적이라고 확신한다. 하지만 그 반대가 진실이라면 어떻게 되는 것일까?

즉 인간은 항상 예속에 묶여 살아가지만, 오랜 습관 때문에 쇠사슬의 무게를 더 이상 느낄 수 없는 것이라면 어떻게 되는 걸까? 느끼지 못하는 감각이 진정 자유일까? 인간이 말하는 자유가 느끼지 못하는 감각이라면, 의지의 자유란 대체 얼마나 오랫동안 지속된 속박이란 말인가.

더 이상 반응하지 않는다,
그럼으로써 살아남는다

원망으로부터의 도피와 원망에 대한 이해, 내가 이 차이를 깨달을 수 있었던 것은 병약했기 때문이다! 물론 문제는 그렇게 간단하지 않다.

먼저 한 가지 알아둘 것은, 사람은 자신의 강인한 면과 유약한 면을 동시에 체험해야 한다는 점이다. 만약 병상에 누워서도 아무런 욕구가 생기지 않는다면, 그것은 자신의 본능, 그중에서도 방어 및 투쟁 본능이 약해졌다는 것을 의미한다. 그는 자신을 짓누르는 고통으로부터 도망칠 수도 없고, 정체를 파악할 수도 없고, 다시 예전의 모습으로 돌아갈 수도 없다. 모든 것이 그에겐 고통이다. 사람과 사물들이 눈앞에서 어지럽게 뒤섞이고, 지난 시절의 체험들이 그의 가장 깊은 내면으로 파고든다.

Friedrich Nietzsche

추억이 고름이 되어 아침마다 침대를 더럽힐 때 그는 지나간 삶을 원망하게 된다. 다시 말해 삶에 대한 원망으로 그는 병에 걸리고, 이 나약함이 다시 원망의 뿌리가 되어 또 다른 병을 키우는 것이다.

이에 대한 한 가지 치료법이 있다. 나는 그것을 '러시아적 숙명론'이라고 부른다. 러시아 군인들은 혹한의 시베리아 벌판에서 살아남기 위해 마지막 순간까지 걸음을 재촉한다. 그중 몇몇은 동사凍死를 피하는 대신 행군의 피로로 죽는다. 다행히 아직 목숨이 붙어 있는 군인들은 추위보다 견디기 힘든 행군에 지쳐 눈밭에 누워 버린다.

이제는 아무것도 요구하지 않고, 기도하지도 않고, 먹으려고 하지도 않는다. 삶에 대한 반응을 멈추는 것이다. 그렇다고 죽음을 받아들일 용기가 생기는 것은 아니다. 다만 이 시베리아 벌판에서 죽는 것이 숙명이라는 것을 깨닫는다. 그는 조금씩 숨을 들이마시고, 남아 있는 모든 체온으로 심장을 보호한다. 그리고 곰처럼 겨울잠을 청한다.

이 같은 논리가 더욱 확대되면 우리의 죽음은 단지 무덤 속에서 휴식을 취하는 것에 불과할지도 모른다. 어쨌든 러시아의 병사들은 반응이 죽음을 재촉한다는 것을 알아차렸다. 그들은 더 이상 반응하지 않는다. 그럼으로써 살아남는다.

어떻게 해야
자기 자신으로 되돌아갈 수 있는가

사람은 어떻게 해야 자기 자신으로 되돌아갈 수 있는가. 인간이 자기 본래의 양태로 되돌아간다는 것은 자신이 원래 무엇이었던가를 잊어야 한다는 전제가 선행되어야 한다. 이런 시점에서 볼 때 인생의 갖가지 실수는 우리가 미처 깨닫지 못한 각각의 의미와 가치를 지니고 있었음이 명백해진다. 다시 말해 한때의 방황, 머뭇거림, 겸손을 벗어난 생활에 낭비된 시간들을 아쉬워한다.

그러나 우리가 지나온 실수에는 일종의 발견, 즉 지혜가 도사리고 있다. "너 자신을 알라."는 말이 파멸의 처방인 경우에는 먼저 자신에 대해 잊을 것. 그리고 자신을 오해할 것. 무엇보다 '나'라는 범위를 좁히고 평범한 삶을 향해 손을 내밀 것. 이것이 바로 이성이다.

Friedrich

Nietzsche

어쨌든 의식의 표면이 어떤 명령에 중독되지 않도록 빨리 정화시켜야 한다. 과장된 말과 과장된 행동을 조심해야 한다! 본능이 이성보다 먼저 자각하는 것은 가장 위험한 순간이다. 그전에 논리를 확립한, 그리고 주권을 장악한 '사상'이 자신의 내면에서 점차 성장해 가고 있음을 느껴야 한다. 머지않아 전체를 지탱할 수단으로 불가결한 행동이 지목될 때를 대비해 고유의 성질과 유능한 능력을 준비해야 한다. 목표, 목적, 의미에 대해 무언가를 빠뜨리는 일이 없도록 그 성질들을 종속적인 능력으로 변화시켜야 한다.

이런 관점에서 살펴봤을 때 나의 생애는 오직 놀라움의 연속이었다. 기존의 가치를 전환하는 데 너무 많은 능력이 동원되었다. 특히 이들 능력이 상호 간에 파괴를 최소화하면서도 일정 기간 대립을 요구했기 때문에 나는 무척 곤란함을 느꼈다. 여러 가지 능력을 혼동시키거나 타협시킨다는 것은 고통이다. 거대한 다원, 더구나 혼동의 정반대를 지향하는 다원, 이것이 내가 지닌 본능의 조건이었다. 그리고 내가 지닌 본능의 열매였다.

나는 단 한 번도 뼈가 부러진 기억이 없다. 격투의 흔적은 나의 생애에서 찾아볼 수 없다. 나는 영웅적 천성의 반대편에 숨어 있었다. 무엇인가를 바란다든지, 무엇을 향해 노력한다든지, 혹은 목적이나 소망을 염두에 둔다는 것, 이런 것을 나는 경험해본 기억이 없다.

지금 이 순간에도 나는 나의 미래를 마치 끝없이 순환하는 바다처럼 생각하고 있다. 나의 욕망은 해변까지 밀려올 힘이 없다.

비록 아주 조그마한
행복일지라도

　행복은 아주 작은 기쁨만으로도 충분하다. 먼 데서 들려오는 바람이 음악처럼 느껴질 때 인간은 행복하다. 음악이 없었다면 인생은 오류에서 벗어날 수 없었을 것이다. 독일인은 신마저도 천상에서 노래를 부르고 있다고 생각한다.

　비록 아주 조그마한 행복일지라도 날마다 찾아와서 우리를 기쁘게 해줄 수 있다면, 불쾌와 갈망과 궁핍의 시기에 찾아오는 저 거만한 기쁨보다 훨씬 소중하다.

민중이 자기 자신을 상실하는 곳

나는 민중의 죽음에 대해 말하고자 한다. 나의 형제들이여! 이곳엔 민중이 없다. 다만 국가가 있을 뿐이다. 국가란 식어버린 시체이며, 가장 냉혹한 괴물이다. 그들은 아침마다 거짓말을 늘어놓는다. 그들은 우리를 기만하고, 지배하며, 잔인하게 물어뜯는다. 그들은 우리를 볼 때마다 이렇게 외친다. "국가는 민중이다!"

이 말에 속지 말라. 그것은 거짓말이다. 민중을 창조하고, 그들에게 믿음과 사랑을 베푼 것은 창조자였다. 우리의 삶에 희생된 자는 오직 우리들 자신뿐이었다. 우리는 함정에 빠진 것이다. 국가라고 불리는 저 파괴자들이 파놓은 함정에 발을 들이민 것이다. 그들은 함정에 빠진 우리에게 한 자루 칼과 백 가지 욕망을 쥐어주었다. 우리는 이 칼과 욕망에 지나칠 정도로 익숙해졌다.

너무 많은 인간들이 태어났다. 우리가 키우고, 양육할 수 없을 정도로 너무 많이 태어났다. 그래서 우리는 국가에게 도움을 요청하게 된 것이다. 국가는 우리의 요구를 들어주는 대신, 우리에게 생산을 요구한다. 우리가 감당할 수 없을 정도로 많은 생산을 요구한다. 자신의 지위가 유지되도록 우리를 물어뜯고, 씹고, 삼키고, 다시 물어뜯는 것이다.

보라! 저 괴물은 우리를 향해 울부짖고 있다. "이 세상에 나보다 더 위대한 존재는 없다. 나는 신이 다스리는 손가락이다." 그대들은 국가와의 싸움으로 지쳤다. 국가는 그대들이 만든 또 하나의 그대였기 때문이다. 이 피로가 그대들에게 새로운 우상을 섬기라고 부추긴다.

민중이 자기 자신을 상실하는 곳, 민중이 스스로 목숨을 끊는 곳, 민중이 삶이라고 부르는 그곳을, 나는 국가라고 부른다.

삶 자체가 문제이다

삶에서 발생하는 문제를 이야기하려는 것이 아니다. 삶 자체가 문제이다. 우리의 삶이 문제인 것이다. 내가 삶에서 발생하는 문제로 우울해졌다고 말하는 사람들이 있다. 하지만 그것은 거짓말이다! 내가 삶에 대한 신뢰를 상실했다고 말하는 사람들도 있다. 하지만 그 또한 거짓말이다! 나는 삶을 사랑한다. 다만 사랑하는 방식이 다를 뿐이다. 마찬가지로 내가 우울해진 것은 삶에서 발생하는 문제가 아니라 바로 삶 때문이다.

이것이 다만 삶이다. 그대는 의미를 배우면 그만이다. 그대의 삶을 이해하라. 그대의 삶에 새겨진 난해한 상형 문자들을 해독하라. 의지를 가진 자는 생존이 빚어내는 모든 가공할 공포를 두려워하지 않는다. 오히려 공포를 찾아 헤맨다.

인생은 나에게 살인보다
더 나쁜 짓을 저질렀다

인생이란 진정 황홀한 것이 아닌가! 어떤 자는 스스럼없이, 어떤 자는 말 못할 고민으로, 또 어떤 자는 연민과 자비로 이 삶을 누리고 있다. 인간의 생존을 존중하지 않는 것이 축복이라는 교훈을 남긴 채, 자신도 이 생존에서 살아남지 못했다는 사실을 자각하며 가장 아름다운 과실인 죽음을 받아들이는 것이다.

호메로스적 인간의 고통은 삶으로부터의 일탈, 즉 머지 않아 다가올 죽음에서 유래한다. 따라서 이제 우리는 실레노스의 지혜를 거울삼아 그리스인들에게 다음과 같이 말할 수 있다. 그들에게 가장 나쁜 소식은 곧 죽는다는 것이며, 그다음으로 나쁜 것은 언젠가는 모두 죽는다는 것이다.

인생은 나에게 살인보다 더 나쁜 짓을 저질렀다. 나는 희망을 입 밖에 낼 수도 없었다. 당연히 실현되기도 전에 끝났다. 그리고 나의 청춘과, 환상과, 위안도 함께 죽었다. 보상받을 수 없는 것들을 내게서 빼앗아 갔다. 나는 이제 이렇게 말한다.

나의 적이여! 그대는 나의 청춘과 환상과 내가 가장 사랑하는 사람들을 죽였다. 나의 소꿉친구, 행복한 정신을 그대는 빼앗아 버렸다.

내 영혼이여. 이제 나는 모든 것, 나의 마지막 소유물까지도 그대에게 모두 바쳤다. 나의 손은 이제 텅 비었다. 내가 그대를 위해 해줄 수 있는 마지막 선물은 그대가 그대의 노래를 부를 수 있게끔 놓아주는 것뿐이다.

Friedrich

Nietzsche

그대는 그대를 위해 마련된
위대한 길을 걷는다

좋은 종자일수록 수확이 기대만큼 풍요롭지 않다. 그대들, 보다 높은 존재들이여, 실망하지 말라.

아직도 배워야 할 것이 많다. 세상 사람들의 실없는 웃음을 너희도 이제 배워야 할 때가 되었다.

그대들이 부족하다고 해서 이상할 것이 무엇인가. 그대들은 이미 인간의 미래와 충돌하고 있지 않은가.

영혼의 가장 깊은 곳, 별처럼 높은 곳, 그 거대한 힘, 이것들이 모두 그대들의 영혼 속에서 거품을 뿜고 있지 않은가.

이상한 일이 무엇인가. 세상 사람들이 웃지 않고는 못 배기는 것처럼 그대들은 웃으며 자신을 내던지는 방법을 배워라.

그대들, 보다 높은 존재들이여, 아직도 가능한 일이 얼마나 많은가.

그대는 그대를 위해 마련된 위대한 길을 걷는다. 지난날 그대를 붙들었던 가장 큰 모험은 이제 그대의 마지막 피난처가 되었다.

그대는 그대를 위해 마련된 위대한 길을 걷는다. 그대의 등 뒤에 길은 없다. 이제 선택할 수 있는 것은 오직 앞으로 걷는 것뿐이다.

그대는 그대를 위해 마련된 위대한 길을 걷는다. 이 길은 그대를 제외하곤 누구도 걸을 수 없다. 그대의 발걸음이 그대가 걸어온 자취를 지우기 때문이다.

그대가 처음 길을 떠났던 곳엔 '불가능'이라는 표지판만이 걸려 있다.

Friedrich Nietzsche

어리석은 사람들

— 어떤 인간은 산의 정상에서 아래만 쳐다본다.

— 사람들은 자신이 부자가 될 수 없다는 점을 깨달았을 때 가난을 자랑하기 시작한다.

— 우연을 믿는 승리자는 없다. 우연이라고 변명하지 않는 패자도 없다.

— 남의 존경을 받고 싶다면, 아무것도 이해하지 못했다는 말을 반복하라. 그들은 당신의 무지에 특권을 부여할 것이다.

— 인간은 권력을 잡기 위해서라면 자신을 조롱하는 것도 마다하지 않는다.

짧은 지혜들

— 우울한 소식일수록 재미있게 말하라.

— 방탕의 어머니는 쾌락이 아니라 쾌락의 결핍이다.

— 나쁜 습관은 천재를 평범하게 만든다.

— 산에 오르는 가장 빠른 방법은 이곳이 산임을 잊는 것
이다.

— 모든 진리는 구부러져 있다. 시간도 하나의 원이다.

— 깨끗이 빨아 입은 누더기는 비록 깨끗하긴 하지만, 여
전히 초라하다.

— 인간 사회에서 갈등을 느끼지 않기 위해서는 갖가지
잔으로 물을 떠먹는 법을 배워야 한다. 인간 사회에서 자신
의 순결을 지키려는 자는 더러운 물로 몸을 씻는 법도 익혀
야 한다.

Friedrich

Nietzsche

— 복수란, 어리석은 짓을 최대한 빨리 회복시키는 것이다. 비유컨대 레몬의 신맛을 혀에서 없애기 위해 꿀을 먹는 것과 비슷하다. 레몬에 대한 최고의 복수는 바로 꿀이기 때문이다.

— 적들에게 무언가를 배우는 것은 그들을 사랑하기 위한 최선의 길이다. 왜냐하면 그것은 우리로 하여금 적에 대한 감사를 일깨워주기 때문이다. 적개심으로 적개심을 이길 수는 없다. 적개심은 우정으로 끝이 난다.

— 우리는 수면에 대해 좀 더 경건해져야 한다. 수면 앞에서 겸손해져야 한다. 잔다는 것은 결코 쉬운 일이 아니다. 잠들기 위해서는 하루 종일 눈을 뜨고 있어야 하기 때문이다.

— 공정한 눈을 갖고 싶은가. 그렇다면 그대와 똑같은 수많은 눈동자를 인정하고, 이전에 그냥 지나친 모든 인생을 헤아릴 수 있는 인간이 되도록 노력해야 한다.

이것이 인생이었던가?
그렇다면 다시 한 번

만용은 가장 뛰어난 살인자다. 그의 공격은 승리의 메아리다. 인간은 가장 용감한 동물이었다. 그래서 그는 모든 동물을 정복했다.

그는 승리의 노래로 모든 고통을 정복했다. 하지만 인간의 고통은 너무나 비참해서 이겨낼 수 없었다. 만용은 심연에 가라앉은 현기증까지 몰아냈다. 하지만 인간이 서 있는 곳은 모두 심연이었다. 자기 자신을 바라보는 것이 곧 심연을 바라보는 것이었다. 만용은 가장 뛰어난 살인자였다. 그는 동정도 죽여버렸다. 그러나 동정이 가장 깊은 심연이었다. 인간이 인생의 깊이를 헤아리는 것처럼 만용은 괴로움의 깊이를 헤아리고 침묵한다.

만용은 가장 뛰어난 살인자다. 그는 죽음마저 죽일 수 있

Nietzsche

Friedrich

다고 자부한다.

그는 우리를 향해 이렇게 외친다.

"이것이 그대가 말하는 인생이었던가? 그렇다면 다시 한 번!"

1부

우선 나 자신에 대해 알아야겠다 선악의 저편/우상의 황혼

잔인할 정도로 나 자신을 무참히 사용해 버렸다 유고, 1883년 3월

나는 진리로 불리는 모든 것들에 대해 의문을 품고 있다 여동생 엘리자베스 니체에게 보낸 편지, 1865년 6월 11일

자기 자신을 하찮은 사람으로 깎아내리지 말라 이 사람을 보라

혼자일 수 없다면 나아갈 수 없다 차라투스트라는 이렇게 말했다/친구 카를 게르스도르프에게 보낸 편지, 1876년 4월 15일

오랫동안 심연을 들여다보면 그 심연 또한 너를 들여다보게 된다 선악의 저편/인간적인, 너무나 인간적인

빛과 그림자는 적이 아니다 인간적인, 너무나 인간적인

행동은 약속할 수 있지만, 감정은 약속할 수 없다 인간적인, 너무나 인간적인

여행자의 다섯 등급 인간적인, 너무나 인간적인

글을 쓰는 것 외엔 이 생각들을 머릿속에서 몰아낼 방법이 없다 즐거운 학문

자신이 갖고 있는 힘의 4분의 3만 표현하라 인간적인, 너무나 인간적인

모두가 읽을 수 있는 책을 쓰느니, 아무도 읽을 수 없는 책을 쓰고 싶다 이 사람을 보라 /일기, 1888년 7월 29일

굶주린 손님은 식사에 초대하지 않는다 인간적인, 너무나 인간적인

대중문화는 노예제도의 결과물이다 인간적인, 너무나 인간적인/미완성 유고 '그리스 국가', 1873년

생각이 깊은 사람들은 천박함을 가장한다 인간적인, 너무나 인간적인/이 사람을 보라

허물을 벗지 못하는 뱀은 소멸한다 인간적인, 너무나 인간적인/아침놀

교회라는 동물원 우상의 황혼

나는 인간이 아니다, 다이너마이트다 이 사람을 보라

결혼은 하나의 것을 창조하고 싶은 두 사람의 의지다 인간적인, 너무나 인간적인/

차라투스트라는 이렇게 말했다

유혹당하지 않고는 버틸 수가 없다 차라투스트라는 이렇게 말했다

내 사랑, 루 살로메에게 루 살로메에게 보낸 편지, 1882년 12월 24일

사랑은 파멸보다 변화를 더 무서워한다 인간적인, 너무나 인간적인

하루의 3분의 2를 자신을 위해 사용할 수 없다면 반시대적 고찰/인간적인, 너무나
인간적인

자신을 이기지 못한 기나긴 삶에 무슨 가치가 있겠는가 차라투스트라는 이렇게 말
했다

아모르 파티, 운명애 즐거운 학문/이 사람을 보라

오직 혼자 이 길을 걸어야 한다 차라투스트라는 이렇게 말했다

2부

낙타와 사자, 그리고 어린아이 차라투스트라는 이렇게 말했다

의미 없는 것이 왜 문제인가 유고, 1885년 가을

날짜도 신문도 생각하지 말고, 오직 내 안의 외침만 쫓아가야 한다 일기, 1880
년 11월

체계가 없는 것이 내가 추구하는 체계다 유고, 1887년 가을

자유로운 인간은 전사다 우상의 황혼/즐거운 학문

교만이라는 원동력이 없었다면 인간적인, 너무나 인간적인

예술은 오직 삶을 위해서만 존재해 왔다 권력에의 의지/우상의 황혼

독서란 잠시 숨을 고르는 것 이 사람을 보라

이 책이 난해하다고 말할지라도 그것은 결코 비난이 아니다 안티크리스트/도덕
의 계보

오늘날의 교양과 교양적 속물 반시대적 고찰

살아남은 자들은 고통을 아픔이라 부르지 않는다 즐거운 학문

쇼펜하우어는 결코 꾸미려 하지 않는다 인간적인, 너무나 인간적인/이 사람을 보라

나는 바그너만큼이나 이 시대의 부산물이 되고 싶다 선악의 저편/바그너의 경우

가장 무거운 머리와 괴로운 심장을 지닌 동물 도덕의 계보/즐거운 학문

오직 고뇌만이 인간을 성장시킨다 선악의 저편
당신이 극도로 절망했으면 좋겠다 권력에의 의지/비극의 탄생
모든 시대는 힘에 의해 어떤 덕목을 허용하거나 금지한다 바그너의 경우
동물이 학살을 피해 가축이 되는 원리와 도덕의 상관관계 인간적인, 너무나 인간
적인
악취를 풍기는 것에 지혜가 있다 차라투스트라는 이렇게 말했다
인간을 발전시키고 싶다면 가장 위험한 환경에 방목시켜라 선악의 저편
내 삶이 기억하는 축복은 모두 우연으로 시작되었다 인간적인, 너무나 인간적인/이
사람을 보라
제물을 바치는 습관 선악의 저편
신은 죽었다, 우리가 신을 죽였다 즐거운 학문

3부
죽음이 인생보다 진짜에 가깝다면 유고, 1889년 1월
가장 중요한 두 가지 질문 유고, 1882년 여름
아주 조그만 상처에서 피가 흐르는 것처럼 반시대적 고찰
너를 제외하곤 그 누구도 건널 수 없는 오직 하나의 길 반시대적 고찰
터무니없는 일을 당해도 마치 축제에 참가한 것처럼 즐길 것 즐거운 학문
연민은 앞에서는 위로하고 돌아서서 승리를 만끽한다 미완성 유고 '비도덕적 의미
에서의 진리와 거짓에 관하여', 1873년
동정심은 인생을 위협하는 가장 큰 적이다 유고, 1883년 7월
그가 다시 걷게 되면 그의 죄악도 함께 걷게 될 테니까 차라투스트라는 이렇게 말
했다
위대함이란 방향을 제시하는 것 인간적인, 너무나 인간적인/선악을 넘어서
생명을 뛰어넘는 사명은 존재하지 않는다 미완성 유고 '비도덕적 의미에서의 진리와
거짓에 관하여', 1873년
인간의 네 가지 착각 즐거운 학문
인간을 움직이는 세 가지 원동력 선악의 저편

나의 고찰은 반시대적이다 반시대적 고찰/인간적인, 너무나 인간적인

인간은 이제 스스로 존재할 수 있다고 믿는다 선악의 저편/비극의 탄생

집을 짓기 전에 알아뒀어야 할 일을 항상 집을 다 지은 후에 깨닫는다 선악의
저편/반시대적 고찰

철학과 예술의 전제는 고통이다 니체 대 바그너

자유로운 인간은 하나의 국가처럼 작동한다 이 사람을 보라/즐거운 학문

계급은 인간을 향상시킨다 선악의 저편

이해하지 못하는 것에 대한 공포 인간적인, 너무나 인간적인/반시대적 고찰

고통은 항상 원인을 묻지만 쾌감은 원인을 묻지 않는다 즐거운 학문

출생과 동시에 의식이 주어진다는 황당한 믿음 즐거운 학문

우리는 너무 빨리 결정하고 있다 즐거운 학문/바그너의 경우

자학은 인간의 유일한 기쁨이다 도덕의 계보/차라투스트라는 이렇게 말했다

내 분노가 무덤을 파헤치고 차라투스트라는 이렇게 말했다

신을 신답게 꾸미는 것 이 사람을 보라/안티크리스트

평등한 세상을 원하지 않는다 유고, 1889년 1월

내가 천민이므로 너 역시 천민이어야 한다 우상의 황혼

의사소통은 언어로만 하는 것이 아니다 인간적인, 너무나 인간적인/선악의 저편

아무것도 파괴하지 않는 폭발 유고, 1888년 3월

마침내 내가 나를 믿어 의심치 않는 광기를 주소서 아침놀

그대들에게 초인을 가르치고자 한다 차라투스트라는 이렇게 말했다

4부

기분이 우울하다면 추한 것과 가까이 있다는 뜻이다 우상의 황혼

낡아빠진 잉크 대신, 펜 끝에 그대의 피를 적셔라 이 사람을 보라/차라투스트라는
이렇게 말했다

소득의 정도보다 일의 즐거움을 먼저 따지는 종족 즐거운 학문

투쟁의 결말은 항상 아름답다 에세이 '분위기들에 대하여', 1864년

자신이 극복해 낸 사건만을 이야기하라 인간적인, 너무나 인간적인

최고의 사상은 이해되기 힘들다 선악의 저편

도덕적인 편견은 폭력과 다를 게 없다 선악의 저편

그대들의 근면은 도피이다 즐거운 학문/차라투스트라는 이렇게 말했다

책장을 넘기는 데 만족하지 말라 차라투스트라는 이렇게 말했다/이 사람을 보라

신이란 하나의 사상이고 낙원은 마음의 변형이다 차라투스트라는 이렇게 말했다/
안티크리스트

가톨릭은 에로스에게 독을 먹였다 선악의 저편

두려움만큼 위대한 재료는 없다 우상의 황혼

신은 스스로 피조물이 되었다 이 사람을 보라

타인을 심판하려는 자를 믿지 말라 반시대적 고찰/차라투스트라는 이렇게 말했다

겸손은 늑대를 개로 만들었다 차라투스트라는 이렇게 말했다

눈병과 논리적인 싸움을 하지 않듯이 바그너의 경우/비극의 탄생

신의 몰락 안티크리스트

도덕은 자아를 배척한다 이 사람을 보라

창조야말로 진정한 권력이다 유고, 1889년 1월

민주주의는 퇴폐주의의 보편화이다 선악의 저편

자신의 책임을 타인에게 나눠주려고 생각하지 말 것 선악의 저편

문화는 민족의 가장 야만적인 삶의 행태에서 발견된다 반시대적 고찰/선악의 저편

독립은 강자만의 특권이다 선악의 저편

그대의 눈동자는 짐승의 행복을 부러워하고 있다 반시대적 고찰

산다는 것은 위험 속에 존재하는 것 반시대적 고찰/비극의 탄생

세계는 권력을 향한 의지다, 그 외에는 아무것도 아니다 유고, 1885년 가을

나는 이 거대한 도시의 일부다 반시대적 고찰

도시에서 당신은 모든 것을 잃는다 차라투스트라는 이렇게 말했다

5부

인생의 계절 인간적인, 너무나 인간적인

청춘, 그것은 무거운 질병과도 같은 고뇌였다 반시대적 고찰/권력에의 의지

삶이여, 당신의 얼굴이 영원토록 나를 비추게 하소서 차라투스트라는 이렇게 말했다/유고, 1887년 가을

고독한 사람들은 사랑을 필요로 한다 일기, 1872년/인간적인, 너무나 인간적인

가장 아름다운 사랑도 약간은 쓰다 차라투스트라는 이렇게 말했다/인간적인, 너무나 인간적인

부모는 자식을 자기와 똑같은 인생으로 만들어버린다 차라투스트라는 이렇게 말했다/선악의 저편

어떤 면에서 나는 나의 아버지에 불과하다 이 사람을 보라

모르니까 말하지 않는 것이다 우상의 황혼

그대의 마음 깊숙한 곳이 삶을 긍정하고 있는가? 반시대적 고찰/아침놀

인간의 하루 인간적인, 너무나 인간적인

비범한 인간이 통속적인 사회에서 살아가는 경우의 위험성 반시대적 고찰

협정은 관습이 되고, 규정은 강제가 되었다 인간적인, 너무나 인간적인/반시대적 고찰

생애의 모든 기간을 진리에 바치기로 결심했다 인간적인, 너무나 인간적인

사람은 스스로 시련을 택해야 할 때가 있다 즐거운 학문/선악의 저편

항상 묶여 살아가지만, 더 이상 느낄 수 없는 것뿐이라면 인간적인, 너무나 인간적인/반시대적 고찰

더 이상 반응하지 않는다, 그럼으로써 살아남는다 이 사람을 보라

어떻게 해야 자기 자신으로 되돌아갈 수 있는가 이 사람을 보라

비록 아주 조그마한 행복일지라도 우상의 황혼/반시대적 고찰

민중이 자기 자신을 상실하는 곳 차라투스트라는 이렇게 말했다

삶 자체가 문제이다 즐거운 학문/반시대적 고찰

인생은 나에게 살인보다 더 나쁜 짓을 저질렀다 반시대적 고찰/차라투스트라는 이렇게 말했다

그대는 그대를 위해 마련된 위대한 길을 걷는다 차라투스트라는 이렇게 말했다

어리석은 사람들 선악의 저편/바그너의 경우

짧은 지혜들 바그너의 경우/인간적인, 너무나 인간적인

이것이 인생이었던가? 그렇다면 다시 한 번 차라투스트라는 이렇게 말했다

혼자일 수 없다면
나아갈 수 없다

초판 1쇄 발행 2024년 3월 14일
초판 5쇄 발행 2024년 5월 23일

지은이 프리드리히 니체
편역자 김욱
펴낸이 김선준

편집이사 서선행
책임편집 오시정 **편집3팀** 최한솔 최구영
디자인 정란 **일러스트** 최광렬 **사진** ⓒ 2015. 한국경제매거진
마케팅팀 권두리 이진규 신동빈
홍보팀 조아란 장태수 이은정 권희 유준상 박미정 박지훈
경영지원 송현주 권송이

펴낸곳 ㈜콘텐츠그룹 포레스트
출판 등록 2021년 4월 16일 제2021-000079호
주소 서울 영등포구 여의대로 108 파크원타워1, 28층
전화 02) 332-5855 **팩스** 02) 332-5856
홈페이지 www.forestbooks.co.kr
종이 ㈜월드페이퍼 **인쇄** 더블비 **제본** 책공감

ISBN 979-11-93506-38-7 (03100)

㈜콘텐츠그룹 포레스트는 독자 여러분의 책에 관한 아이디어와 원고 투고를 기다리고 있습니다.
책 출간을 원하시는 분은 이메일 writer@forestbooks.co.kr로 간단한 개요와 취지, 연락처 등을
보내주세요. '독자의 꿈이 이뤄지는 숲, 포레스트'에서 작가의 꿈을 이루세요.

모두 그리고 각자에게 하는 질문:

"너는 이 삶을 다시 한 번,
그리고 무수히 반복하길 원하는가?"

프리드리히 니체
Friedrich Wilhelm Nietzsche

Friedrich Nietzsche